DU MÊME AUTEUR

La Base. Rapport d'enquête sur un point de déséquilibre majeur en haute mer, *Éditions du Passant, 2004*

Zone de combat, *Verticales, 2007*

Le début de quelque chose, *Verticales, 2011*

La conquête des cœurs et des esprits, *Verticales, 2015*

Hélène ou le soulèvement, *Verticales, 2019*

le capital, c'est ta vie

hugues jallon

le capital, c'est ta vie

roman

verticales

« Guetteur, où en est la nuit ? »

Isaïe 21, 11

Et moi qui me croyais si fort dans ce monde, je suis là où je n'existe plus, dans une contrée hostile, douloureuse.

*

Regardez mon œil blanc aveuglé par la panique, comme je tremble maintenant, mes doigts glacés, livides, le bout de mes doigts blancs, les voilà qui tremblent, ma cigarette tremble aussi, je regarde les doigts de ma main gauche, je ne peux rien, rien n'arrive à les arrêter.

Dans ces moments-là, ça tombe sur moi, par secousses brutales ou par petites convulsions, non, ça ne tombe pas, je suis assis au bord d'un banc dans le square, c'est l'après-midi, les cris d'enfants vrillent mes oreilles partout autour de moi, non, ça ne tombe pas, ça vient par en dessous, du bas de mon corps, de mes chevilles, de mes jambes, et ça monte, ça monte, ça monte jusqu'à ce qu'une main énorme, invisible, se referme sur ma poitrine, sur mon cœur, sur mes poumons, qui secoue, qui serre, qui serre, une main froide, d'acier, et je suffoque.

Autour de moi, le monde, les gens, les choses deviennent tellement durs, sans pitié, ils me poussent, ils me bousculent, dans ces moments-là il faut que j'aille chercher l'air le plus loin possible, expirer lentement, tenter de calmer cette souffrance qui monte à nouveau, qui agite tous mes membres.

*

Dans ces moments-là, chacun de mes réveils est comme un volet qui claque, ça me déchire le corps, que ce soit au milieu de la nuit, le matin, l'après-midi, je ne connais pas cette transition douce et heureuse du demi-sommeil, la vie éveillée me saisit brutalement, mon cœur s'emballe, mes muscles se tendent, les pensées m'assaillent, incohérentes, innombrables, elles pèsent sur ma poitrine, l'écrasent, j'essaie de fermer les yeux, je n'y arrive pas, malgré moi ils s'échappent vers la lumière venue de la rue éclairée qui perce à travers l'ouverture des rideaux ou sous la porte de la chambre, il faut que je me lève, ma respiration est lourde, comme après un effort, j'expire lentement, accablé.

Et voilà que je titube à travers l'obscurité, emporté par la panique qui me fait fuir, à cette heure où je n'ai nulle part où aller.

*

Il est environ 11 heures, je suis à la terrasse du café à deux pas de chez moi, des vélos, des voitures, des camionnettes de livraison passent, le monde qui se bouscule devant mes yeux, je vois entrer ceux qui n'ont pas d'horaires, les vieux, les chômeurs, etc., je les regarde, mon regard passe d'un visage à un autre, je cherche leurs yeux, désespéré, arrêtez-vous, parlez-moi, regardez-moi, regardez mon visage décomposé, s'il vous plaît, partagez ma détresse.

Lorsque je suis dehors, entravé, sans refuge, sans repères, je ne m'éloigne pas trop de chez moi, la peur au ventre, que tout s'effondre, que tout en moi soit emporté, pulvérisé, au square je suis des yeux les nervures des feuilles, je contemple leurs petites veines qui bifurquent sans fin.

Je vais du canapé ou du lit au square puis au café, plusieurs fois par jour, et dans le désordre. Entre-temps je marche, je fais le tour du quartier en empruntant toutes les rues, ça doit former une sorte de cercle autour de chez moi, ma démarche est maladroite, dans ces moments-là je ne trouve aucune issue, tout ce qui me tient d'ordinaire s'est évanoui, dans ces moments-là mes pas sont lourds, mes pieds retombent pesamment sur le sol en frappant le béton, puis, quand la panique revient, ça monte, ça monte dans mes jambes, tout commence à s'éloigner, tout bascule, je me disperse, je me désagrège, ça tourne, d'un seul coup je ne peux plus rien fixer, je suis submergé, je ne peux pas me fixer dans ce vertige, j'essaie de m'accrocher à quelque chose de stable, mais je n'y peux rien, je me décompose, je ne suis qu'un désordre de pensées noircies qui s'agitent, de plus en plus fort.

*

En 1980, j'avais dix ans, je vivais dans le sud de la France avec mes parents et mon frère dans une maison sur les hauteurs de Toulon, isolée au milieu d'une grande forêt de pins, on avait très froid l'hiver, le vent faisait trembler les fenêtres la nuit et de la terrasse on apercevait la mer au fond, entre deux lauriers dont les longs feuillages noirs se rejoignaient au-dessus de nos têtes.

Cette même année, la notion d'attaque de panique faisait son apparition dans la troisième édition du *DSM*, le *Manuel diagnostique et statistique des troubles mentaux*, qui la définit comme une période « bien délimitée », où survient soudainement une « appréhension intense, d'une peur ou d'une terreur », qui peut être associée à une sensation de « catastrophe imminente ». La définition précise que les symptômes doivent atteindre leur intensité maximale en moins de dix minutes et être au nombre minimum de quatre parmi treize possibles.

*

Ces attaques ont commencé dans les premiers jours de septembre 2013.

Elles reviennent maintenant depuis près de dix ans, plusieurs fois par an, sur des périodes qui peuvent aller jusqu'à un mois, des épisodes dont je perds après coup la mémoire et beaucoup de mots pour les raconter, à l'exception de quelques scènes ou images, comme celle de ces deux jeunes femmes qui, au square, sous le kiosque à musique, font un entraînement de boxe, des enfants courent et crient, des gens mangent un sandwich ou fument dans le soleil, et ça revient encore, une nouvelle vague, plus forte, ça empire, les gants des boxeuses claquent sur le cuir, elles frappent sans s'arrêter, je suis jaloux, elles sont si fortes, leurs coups si brutaux, je m'enfonce un ongle tremblant dans la peau des mains, si je pouvais ressentir une douleur aiguë quelque part, au lieu de quoi je n'ai mal nulle part, c'est une souffrance totale qui se diffuse partout dans mon corps épuisé.

Devant moi un pigeon prend son envol dans un froissement d'ailes qui me fait sursauter, il disperse un cercle de brindilles et de sable, je déteste les trois ou quatre notes du chant des moineaux, ils sont là, invisibles, si nombreux à piailler comme ça dans les arbres.

Je serre le poing pour empêcher ma main gauche de trembler, j'allume une cigarette, je crois que je fume pour enfin parvenir à faire quelque chose, pour fixer mon attention, pour suivre des yeux la fumée qui file dans l'air, recréer un rythme, inspirer, expirer, un rythme qui ne soit pas celui de l'arrivée des vagues de panique, j'observe les trajets d'une fourmi isolée, perdue dans le sable, qui porte son corps énorme sur des pattes en forme de fil, suspendu, j'endure des assauts répétés, ces crampes mentales me vandalisent le corps, elles pétrifient mes poumons.

Qui que vous soyez, parlez-moi, non, ne me parlez pas, je voudrais dormir, simplement dormir, laissez-moi, non, parlez-moi, que quelqu'un me parle, qu'il me touche l'épaule ou le bras, qu'il me prenne la main, contre lui, dans ma poitrine mon cœur martèle, malgré moi, intempestif, je ne veux plus être là, le regard braqué vers le sol, stagnant, comme cimenté.

Je suis dehors à nouveau, j'ai enfilé mon blouson que je pose toujours au même endroit quand je rentre, en sursis, d'un seul coup apaisé, et puis non, ça revient, mon esprit dissipé s'emballe, je spécule, je dévisse, saisi de vertiges, je dois m'arrêter au milieu du trottoir, la bouche desséchée, mon esprit échafaude des plans incohérents en rebondissant de l'un à l'autre sans transition pour revenir au point de départ, et ça monte, ça monte encore, un tournis qui mène au désastre, un abîme où tout s'effondre, comme une fin de monde, une chute brutale par glissades successives, les lèvres plissées, j'essaie d'expirer lentement comme on m'a appris à le faire, tétanisé.

*

Dans leurs phases les plus aiguës, ces attaques de panique se produisent plusieurs dizaines de fois par jour avec une intensité variable selon les heures, elles ne me laissent parfois que quelques moments de répit en fin de journée, épuisé, de sorte que je me retrouve dans une situation d'incapacité presque totale de travailler, de parler, etc.

L'un de ces états-panique, caractérisé par la récurrence d'attaques aiguës, m'a conduit en 2016 à un séjour dans une clinique de la proche banlieue parisienne, et plusieurs fois le dimanche à la Permanence psychiatrique de la rue d'Hauteville, qui ne ferme jamais et où les patients hurlaient toute la nuit.

*

L'attaque de panique se traduit par une montée brusque de crainte ou de malaise intense, qui atteint son acmé en quelques minutes avec la survenue de quatre (ou plus) des symptômes suivants : palpitations, battements de cœur ou accélération du rythme cardiaque ; transpiration ; tremblements ou secousses musculaires ; sensations de « souffle coupé » ou impression d'étouffement ; sensation d'étranglement ; douleur ou gêne thoracique ; nausée ou gêne abdominale ; sensation de vertige, d'instabilité, de tête vide ou impression d'évanouissement ; frissons ou bouffées de chaleur ; paresthésies, « sensations d'engourdissement ou de picotements » ; déréalisation ou

« sentiment d'irréalité » ou dépersonnalisation ou « être détaché de soi » ; peur de perdre le contrôle ou de devenir fou ; peur de mourir (source *DSM-5*).

*

En 1983, j'avais treize ans, j'avais souvent mal au ventre, la veille d'aller à l'école et le matin au réveil, il arrivait que je reste à la maison certains jours, ma mère prévenait le collège, elle préparait un mot d'excuse et mon père rédigeait un certificat médical.

*

Cette même année, dans un article resté célèbre, l'économiste Theodore Levitt invente le terme « *globalization* » que l'on traduira par « mondialisation », pour désigner ce qui est en train d'arriver et le monde en train de naître : les entreprises, explique Levitt, sont en voie de passer d'une logique d'adaptation des produits aux marchés locaux à une offre de produits standardisés, sophistiqués, fonctionnels, fiables et à des prix peu élevés. Reprenant la fameuse distinction d'Isaiah Berlin entre le renard qui en sait beaucoup sur beaucoup de sujets (Tolstoï) et le hérisson qui sait tout sur un seul sujet (Dostoïevski), il y affirme que « la firme multinationale en sait beaucoup sur beaucoup de pays et s'adapte gentiment aux différences supposées entre eux [...]. Elle ne comprend pas combien le monde est prêt à toucher les bénéfices de la modernité, surtout au meilleur prix. Cette approche est médiévale. L'entreprise globale, elle, sait tout d'une seule chose. Elle sait qu'il lui faut être compétitive à l'échelle mondiale et nationale et cherche le prix le plus bas en standardisant ce qu'elle vend et ses modes de production. Elle sait une chose importante que toutes les nations et les peuples ont en commun : le manque. Personne ne peut accepter le manque. Tout le monde veut plus. C'est l'explication de la division du travail et de la spécialisation de la production. C'est ce qui permet aux peuples et aux nations d'améliorer leurs conditions par le commerce. Son moyen est en général l'argent. »

*

Quant à moi, je sens que quelque chose envahit mes jambes, je fabrique un nuage glacé qui m'engloutit.

*

En 1983, Kim, elle, n'a que trois ans, elle est la deuxième fille de Kris et de Robert Kardashian, elle ne manque de rien, elle partage la même chambre que sa sœur Kourtney dans une maison très confortable avec piscine à Los Angeles, et elle ne peut savoir encore la place que le monde va lui réserver dans quelques années.

*

Dans ces moments-là, je suis terrassé par un courant trop fort, il m'emporte, je sens mes os brisés par le choc des rochers, je rebondis encore et encore.

*

Je suis dans mon bureau, ma porte est fermée, on frappe doucement, je dois y aller, c'est ma prochaine réunion qui va commencer, ce n'est pas possible, il faudrait que je m'allonge, je tiens à peine sur mes jambes, j'ai froid, non, j'ai très chaud, je ne sais pas, j'ai peur, je ne vais pas y arriver, c'est insurmontable, il faudrait que je trouve un coin tranquille dans l'immeuble, le parking, les toilettes, peu importe, ou bien il faudrait que j'aille dehors, que je marche encore, encore, encore, va donc marcher dehors, épuise-toi, épuise ton corps, qu'il n'ait plus rien à dire, qu'il se taise et éteigne tes idées noires, mais je ne peux pas, tout le monde s'assoit, la réunion va commencer, et puis c'est mon tour, c'est à moi de parler, je sais que je vais devoir parler, tout le monde ou presque a parlé, il faut que je dise quelque chose, ce n'est pas possible autrement, mais qu'est-ce que je vais bien pouvoir dire, je n'y arriverai pas, affaissé, il faudrait que je me lève, je n'ai rien à dire, je vais devoir balbutier quelques phrases sans conviction, ça va se voir, regardez-moi, vous voyez bien, tel que je suis, c'est si lamentable, je vois mon téléphone posé sur la table devant moi, s'il pouvait sonner maintenant, tout de suite, ce serait un appel urgent qui dirait que quelque chose de grave, de très grave est arrivé, venez, il faut venir tout de suite, si bien que je pourrais quitter la salle sans un mot, l'air inquiet, fuir dans la rue, qu'on me laisse, mais non, je ne peux pas fuir comme ça, c'est à mon tour, je vais parler et j'ai si peur que mes mots se perdent ou qu'ils ne viennent pas, je n'ai pas de masque pour cacher mon visage pathétique, laissez-moi, laissez-moi, laissez-moi.

*

Dans ces moments-là, je dévisse, rien ne peut l'empêcher, tout ce que je fais, tout ce que je suis n'a plus aucune valeur, c'est un effondrement général.

*

Je vais tomber, mais non, je ne tombe pas, je m'étale, je me répands, en moi le centre ne tient pas, fragile, incapable, désaxé.

Dans ces moments-là, j'évite de croiser mon regard inattentif, effaré, dans une vitre ou dans un miroir d'ascenseur, image de cette vie désaffectée, absentée, dans laquelle je ne suis plus, seul ce fourmillement dans mes doigts, comme un courant de faible intensité qui me traverse douloureusement.

Je ne meurs pas, non, je meurs en moi, défait, les genoux pliés, ruminant, il fait beau, j'entends les bruits de l'été, il est presque là, il approche avec les relents d'angoisse qui reviennent, le flux et le reflux de cette souffrance déferlant sur moi, agressé, battu, sans un cri, comme mes sanglots, qui débordent plus fort que des larmes, à la fois ralenti et accéléré, je ne sais pas, je me débats dans les courants, le sable qui m'aspire, la dune qui noie mes efforts lorsque je gravis sa pente, dépourvu de tout courage, je fuis dans les rues, marchant des heures, désœuvré.

Je cherche à croiser un autre regard, n'importe lequel, qui me verrait vraiment, qui reconnaîtrait un semblable ou qui compatirait un peu, avant que tout ce qui se passe autour de moi ne se transforme en menace, en offense, qu'il m'apporte un peu de soutien, de consolation, aidez-moi, donnez-moi un avenir, mais non, je suis au présent, vulnérable, verrue coincée dans un paysage qui défile sans fin, tout ce monde empressé, affairé, et moi, je suis comme un chantier arrêté, une maison inhabitée ou désertée, ou déjà en ruine.

*

Et puis quand la vague arrive, tout se trouve soumis à une agitation folle, sens dessus dessous, cauchemar de fuite précipitée, brouhaha, cris, valises et sacs innombrables, débordants, impossibles à fermer, affaires répandues, impossibles à rassembler, départ de train, vérification des horaires, panique.

*

Je suis sans projet, incapable, abandonné dans cette vie qui a oublié de vivre, il me semble que je m'éteins dans la douleur, non, c'est ce que je crois quelques minutes mais je ne m'éteins pas, je ne meurs pas, au lieu de quoi ma vie soudain me paraît au contraire immense, sans bord, ou bien en surnombre, littéralement innombrable, une mer, un océan où j'essaie de surnager en vain.

*

Les recherches neurologiques récentes établissent que jusqu'à un niveau acceptable de stress et de menace, le cortex préfrontal peut « gérer » l'amygdale en mesurant correctement les conséquences, les bénéfices et les inconvénients d'une réponse comportementale en lien avec l'événement. Cela permet de faire des choix adaptés au contexte et aussi d'éviter de déclencher des réactions de peur inutiles, ce qui se traduirait par une « fausse alarme ».

Ces systèmes sont optimisés pour la survie d'un point de vue évolutionniste et si le niveau de menace devient extrême, alors le thalamus priorise l'amygdale qui prend ainsi la main en désactivant le cortex préfrontal (en quelque sorte en le prenant de vitesse, ne lui laissant pas la possibilité de répondre).

C'est ce que certains nomment le « retournement amygdalien » (*amygdala hijack*). En effet, en cas de danger il est inutile, voire dangereux, d'enclencher des processus de décision conscients, complexes et coûteux en temps, ce qui pourrait mettre en jeu la survie. Les réponses doivent être automatiques et c'est le système d'évaluation dépendant des émotions qui devient actif : il a l'avantage d'être rapide, peu coûteux en ressources cérébrales et non conscient. L'amygdale occupe une position centrale dans ce système grâce à ses liens avec les systèmes impliqués dans la réponse physiologique « fuite-combat ».

Ce système a été très efficient dans le passé, mais dans notre monde moderne il s'active parfois par excès, devant des stimuli estimés comme menaçants alors qu'ils ne le sont pas du point de vue de la survie. C'est l'une des portes d'entrée des pathologies anxieuses (source Inicea).

*

Lorsque ces épisodes de panique sont derrière moi, je les oublie — les dates, les heures, les durées, tout ce que j'ai pu faire à ne rien faire, paralysé, dans une agonie sans fin, les souvenirs de ces moments-là s'enfuient.

Il faut dire que dans ces moments-là, je n'y arrive pas, je n'arrive à trouver aucun mot, je n'arrive pas à décrire ce qu'il m'arrive, ou bien quelques lignes, ce sont toujours les mêmes petites phrases dépitées qui reviennent.

*

Comme moi, ils sont nombreux ceux qui vivent ces moments-là, et nous essayons tous de les raconter comme nous pouvons, avec les mêmes pauvres petits mots que nous trouvons. Comme eux je cherche, ressassant ceux qui seraient les plus justes, les plus exacts, je les ajoute comme ça les uns aux autres, incapable de choisir.

F. écrit: «J'ai 34 ans, il y a deux mois, suite à un malaise vagal, j'ai déclenché des crises d'angoisse, tachycardie, diarrhées, maux de ventre, sensation de mourir d'un infarctus, ou d'un AVC. Le médecin m'a prescrit un antidépresseur et du Bromazépam à prendre dans la journée dès que je sens l'angoisse venir. Je suis également suivie par un psychiatre qui me conseille, me demande de sortir, faire des promenades, vivre.

» Malgré tout ceci, cette nuit j'ai refait cinq crises très fortes avec brûlures dans la gorge et sensation d'étouffement, j'ai vécu l'enfer, j'ai appelé mon mari à son travail pour qu'il me calme mais rien n'y a fait, j'ai dû appeler mon médecin à 2 heures du matin pour qu'il me calme et me dise de prendre un quart de Bromazépam, et de le refaire au bout d'une heure si les crises ne passaient pas.

» Je suis épuisée, je n'en peux plus, je suis en arrêt toute la semaine prochaine… »

*

G. écrit : « C'est terrible, mon cœur n'est jamais, jamais au repos, la nuit j'ai du mal à m'endormir avec l'angoisse de me réveiller en crise d'angoisse ! Je sais que j'ai cumulé beaucoup de souffrance et de douleur dans ma vie, et je me dis que c'est ça que je n'ai pas su évacuer, exprimer suffisamment et que maintenant mon esprit est devenu fou.

» J'en peux plus d'être dans cet état, je veux redevenir normale et avoir une chance d'être heureuse, de profiter de la vie… Combien de temps il va falloir pour que je retrouve un état d'esprit normal ? Est-ce seulement possible ?

» Je veux bien crier, pleurer toutes les larmes de mon cœur, hurler de colère, n'importe quoi pour que ça s'arrête ! Comment faire ? »

N. : « Ça faisait deux ans que je n'en faisais plus du tout, et depuis quelque temps ça recommence mais sans que je contrôle, la première fois il y a deux mois, je dormais et réveillée en panique, je ne pouvais plus du tout respirer comme si quelqu'un m'étouffait le cœur qui battait fort et peur de me rendormir !

» Et depuis ça revient sous différentes formes les autres fois j'étais fière de moi je contrôle ma respiration, ça m'aide beaucoup. Mais cette nuit je dormais et j'ai été réveillée par mon bras gauche qui tremblait tellement, épuisée, je suis restée couchée et me suis rassurée tant bien que mal, il n'y avait rien de grave. Je me suis rendormie mais à mon réveil du mal à respirer, molle comme pas de force, mais je ne veux pas le montrer à mes enfants alors je tente de contrôler. Après avoir fait des recherches, j'ai été rassurée de voir que ça correspondait à des crises d'angoisse dans le sens où mon cœur va très bien. Mais je veux que ça s'arrête ! »

L. : « J'ai moi aussi cette peur de mourir et quand les angoisses s'en mêlent, bonjour les dégâts, oui, le Xanax va t'aider mais il faut aussi que tu y croies, voici quelques petits conseils si tu veux : quand tu sens l'angoisse arriver pense à quelque chose d'agréable, dis-toi que cette fois non et non tu ne te laisseras pas faire tu es plus forte, une bonne thérapie pour moi, c'est la sophrologie, c'est pas bien difficile j'ai acheté pour ce faire les disques Chlorophylle que tu trouves dans les supermarchés (Auchan), ce sont des musiques très douces, le chant des baleines, l'aurore boréale, le son de la pluie, etc., il y en a pour tous les goûts, alors tu t'installes confortablement sur ton lit, tu mets les écouteurs, tu poses tes deux mains sur ton ventre, tu inspires par le nez lentement et tu essayes de te relaxer au maximum, tu expires par la bouche, bien sûr, ça paraît dérisoire mais pour moi ça marche bien tout ça en pensant à des choses agréables, invente-toi une histoire, enfin prends courage et bonne chance, bisous, tu n'es pas seule. »

T. : « Moi aussi j'ai souffert de ces attaques de panique mais je ne savais pas que c'était des attaques de panique, donc j'ai décidé d'avoir un esprit de fer tout en prenant du Xanax, je sors beaucoup plus, je vois plus de monde et je fais plus de choses, je n'ai plus l'esprit rivé sur moi et franchement cela fait plusieurs mois que ces attaques ne sont plus réapparues car si on ne peut pas se contrôler, le fait d'être entouré vous contrôle automatiquement et on n'y pense plus, bonne chance. »

Comme dit A. : « C'est un instinct de survie que nous devons écouter. L'attaque de panique nous signale parfois un danger bien réel, quoi qu'en disent les autres.

» Le plus souvent, l'attaque de panique survient lors d'une fatigue extrême. Le corps ne pouvant plus suivre, il s'exprime de cette façon. J'ai ainsi les symptômes habituels, fourmis dans les mains, le visage, puis tétanie, oppression thoracique, etc.

» Dans le meilleur des cas, je trouve un endroit "en sécurité", je pleure, je m'endors un moment et tout repart comme il faut.

» Si je ne peux pas, la tétanie s'accentue et je me retrouve en fuite (voiture, train…) jusqu'à retrouver un endroit familier dans lequel je pourrai trouver du repos.

» J'ajoute que j'ai complètement arrêté le café depuis quelques mois et les attaques de panique sont nettement plus rares qu'avant. »

*

Tu as de la chance, comme pour beaucoup de gens autour de toi, la question ne se pose pas de ta survie, ici-bas ou dans l'au-delà — savoir si tu vas manger à ta faim ou si tu survivras à ta propre mort, cette condition n'a jamais été la tienne. Qu'as-tu en commun avec celui ou celle, dans tant de pays du monde, qui doit trouver de quoi se nourrir chaque jour et prie chaque soir pour le salut de son âme ?

Tu appartiens à la classe moyenne, *ta condition, ce n'est pas ta survie, c'est ta vie*, c'est-à-dire tes projets à moyen terme : prévoir les vacances, déménager, arrêter de fumer, avoir un enfant, changer de travail, trouver une maison à la campagne avec un petit jardin, etc.

*

En 1983, j'ai treize ans, je suis au collège, je viens d'arriver à Paris, c'est le « tournant de la rigueur », la gauche socialiste au pouvoir depuis deux ans se convertit à l'orthodoxie monétaire et budgétaire et le gouvernement prend le décret 83-797 du 6 septembre 1983 dont l'article 4 inscrit dans le droit le principe de priorité au carrefour giratoire, ou rond-point, dont l'installation se généralisera massivement les années suivantes. Toutes les études montrent que ce dispositif améliore considérablement la sécurité routière dans les agglomérations.

*

Dans ces moments de panique aiguë, je forme des images instables, j'esquisse des destinations floues, des plans sur la comète, des projets imprécis, autant de moments ou de lieux, d'activités plus supportables, plus excitants, etc., et tout de suite je les détruis, je les efface avant même qu'ils ne commencent à exister, à trouver un semblant de forme, un début d'épaisseur.

Dans ces moments-là, mon esprit s'épuise, sans fil directeur, sans continuité, il tourne en rond et il bifurque, plusieurs fois par seconde, d'une angoisse à une autre, sans lien, de plus en plus vite, par là, par ici, non par là, par ici, et puis ça monte à nouveau dans mes jambes, je suis perdu, pas de planche pour me sauver, je fuis sans fin, immobile, tuyau percé de mille trous.

*

La question qui doit être celle de ta vie : quelles sont tes options ?

*

D. écrit : « Si les attaques de panique sont le déclenchement de notre instinct primaire de la fuite ou de la lutte, il s'agit là d'une fuite ! On ignore nos symptômes en espérant au plus profond de nous-mêmes que cela va passer. Mais nous savons que cela passe toujours et pourtant nous revivons cette expérience de peur intense TOUS LES JOURS ! Alors, on respire…

» Les psys nous proposent la solution de l'exposition graduelle ou violente. Et ainsi de lutter et de ne plus fuir. On se sent mal, on respire, on transpire, on prie pour que les autres ne décèlent aucun comportement anormal de notre part ; quand on en a fini, on rentre à la maison contents d'avoir surmonté nos phobies.

» Il faut faire le deuil de notre vie antérieure et arrêter de penser en termes de comparaison ! Nous sommes toujours les mêmes, aussi serviables, généreux, aventuriers, à une exception près. Nous en avons trop fait sans nous écouter et nous nous sommes épuisés. Le résultat est que nous sommes devenus hypersensibles, notre corps s'est débattu pour nous crier son épuisement en nous envoyant ce signal d'alarme ! Mais nous l'avons ignoré, délibérément, en imputant les malaises, sueurs froides, vertiges à un mal extérieur. Ce faisant, nous avons créé un conflit intérieur : la peur de nos réactions physiques, bien réelles, pour lesquelles nous n'avions pas d'explication ! De sorte que le système parasympathique devant notre anxiété généralisée a pris le relais en nous créant les sensations de lutte et de fuite, car nous l'avons informé qu'il était en danger ! »

*

Cette envie de fuir à tout propos, sans jamais y parvenir, lutter sans fin contre toi-même, est-ce même possible ? Tu ne peux ni fuir ni combattre, tu es comme déposé là, au milieu de tout, désœuvré, le cœur battant.

*

À la clinique, c'est en 2016, je ne me rappelle pas bien le mois précis, j'entends hurler les autres malades la nuit, je sors fumer, on me demande tout le temps des cigarettes, je ne dors pas, il est tard, ou il est très tôt, les moineaux au réveil, je les entends, je les cherche dans les arbres, c'est le printemps qui vient, puis la lumière du matin, la chaleur tiède des bancs de bois, le temps s'écoule lentement, je ne parviens pas à m'émerveiller, je tourne dans le petit parc, je n'ai presque plus de cigarettes, je salue d'un signe, craintif, les autres malades, certains ont l'air de spectres, je dois leur ressembler, les médecins et les infirmières traversent le parc, je cherche dans leurs yeux insensibles, j'allume une cigarette, je suis allégé, je suis fatigué, je ne fais rien, je suis épuisé, je tourne dans le parc, sans répit, j'allume une autre cigarette, mon corps déserté se précipite, j'essaie de marcher plus vite, emporté, exaspéré, je me précipite en avant, vers ces contrées figées où mes entrailles remuent mon âme égarée, pantin aux pieds de bois qui tombent et frappent le gravier, je m'assois sur un banc, maladroit, entêté, j'écoute les moineaux en serrant les dents, encore une fois, expulsé de moi-même, non, trop plein de moi tournant à vide, débrayé.

Depuis mon séjour à la clinique, où je fumais avec les autres dans le parc dès l'aube, je ne supporte plus ce petit chant des moineaux, que j'associe désormais à la survenue de mes crises et à cette période d'hospitalisation.

*

Durant cette année 2016 où je suis hospitalisé, Kim Kardashian est célébrée comme il se doit à la une du magazine *Forbes* avec cette formule lumineuse :

NOT BAD FOR A GIRL WITH NO TALENT

C'est en juillet, sa mère Kris renaît depuis qu'elle s'est séparée de son deuxième mari, l'ancien coureur olympique médaillé d'or Bruce Jenner, qui est devenu officiellement une femme du nom de Caitlyn Jenner après une série d'opérations de réassignation sexuelle menées par un célèbre chirurgien de Beverly Hills.

Kris a vu juste, aussi clairement que le jour où elle a opté définitivement pour un rouge à lèvres « nude », lorsqu'elle a signé lors de l'été 2007 avec la chaîne de télévision E! le démarrage de la première saison de « Keeping up with the Kardashians » (KUWTK), l'émission quotidienne qui allait assurer l'avenir de toutes les femmes de la famille Kardashian.

*

Et il faut voir ce qu'est devenu son corps avec les années, le galbe de ses fesses devenu légendaire, Kim a répété partout que les implants en silicone, non, ça jamais, elle n'aurait jamais fait une chose pareille, on pense maintenant que pour ses fesses c'était du lipofilling (prélèvement et réinsertion de la graisse des hanches), et la liste est longue pour ce qui est du reste : canthopexie, lifting temporal (yeux), rhinoplastie (nez), augmentation par prothèses (seins), mésolift et injections régulières d'acide hyaluronique (lèvres), fils tenseurs (contours du visage, pommettes), séances de laser (poils noirs récalcitrants), injections de botox (rides), blépharoplastie (regard, cernes), cryolipolyse, microneedling (production de collagène), peelings (peau, suppression de taches), luminothérapie (peau), radiofréquence (peau), et même, plus récemment, vampire lift, une nouvelle technique faisant fureur à Los Angeles qui consiste à réinjecter du sang dans la peau du visage, voyez comme le sien s'est agrandi depuis qu'elle a fait enlever *deux centimètres de cheveux* sur le pourtour de son front, et ses yeux en amande, sa beauté si éblouissante sont devenus le modèle de regard de toutes les filles du monde, si éblouissante parfois que son père, s'il était encore vivant, ne la reconnaîtrait pas, c'est étrange comme elle a toujours l'air un peu raide sur les images, presque guindée, avec ses cheveux noirs tirés en chignon et ses hanches fortes qui lui donnent souvent cet air de madone quand elle prend la pose.

*

Depuis plusieurs années, je prends alternativement ou ensemble de l'Effexor, du Bromazépam, du Deroxat, de l'Aripiprazole, du Tercian, un antipsychotique en gouttes, lors des crises les plus fortes, qui me plonge dans un état de très grande léthargie.

*

Je me vois me débattre, j'observe quelqu'un qui est en moi se noyer, perdre pied, je repousse les visions qui me conduisent ailleurs que dans ma vie misérable, je n'ai plus d'empathie pour personne, je me dévore, je m'étreins, je m'asphyxie, replié, cloué sur moi-même.

Tout m'affecte, me fracasse, me renverse, maintenant je ne veux plus sortir dehors, ça me fait peur.

Je ne sais pas ce que je cherche, je ne cherche plus, j'ai été abandonné, je me force à sortir, j'allume une cigarette, je pense que ça me calme, je ne suis plus dedans, la souffrance se dissipe, j'assiste à l'abri à ce qui se passe en dehors de moi, je ne marche pas normalement, je trébuche, mes pas me précipitent, le corps lourd, ralenti, arrêté devant tout ce qui passe sous mes yeux.

Je ne mange pas beaucoup, je perds du poids dans ces

moments-là, je ne veux pas qu'on s'approche trop près de moi, ce n'est qu'une souffrance qui envahit tout mon corps broyé.

Il faudrait que je m'allonge, ne pas rester debout, trouver un banc, s'asseoir en posant d'abord la main, comme un malade affaibli.

Mon corps sans cesse à mauvaise distance, il m'habite trop, je l'habite trop, malgré moi je déblatère mentalement sur ma vie sans valeur, j'endure en silence.

Je suis dans un train, ou une rame de métro, dans ces moments-là, et c'est comme une déflagration au ralenti, mon corps qui explose, lentement je pars en miettes.

*

Je n'ai plus d'image.

*

Le temps ne passe plus dans cet appartement vide, c'est le nôtre, le mien, il est 15 h 47, je serai seul jusque vers 19 heures, il y aura des invités, j'ai oublié qui, ils viennent dîner, je veux dormir, je n'y arrive pas, 16 h 12, 16 h 14, 16 h 22, le temps ne passe pas, il ne veut pas passer, je ressens son épaisseur, comme un enfant qui s'ennuie sans rêvasser, 16 h 35, tout le monde est sorti, je respire, non, je ne respire pas, dormir, fermer les yeux, 16 h 36, 16 h 37, 17 h 11, assoupis-toi, laisse faire, ne résiste pas, 18 h 05, réveil brutal, sommeil sans rêves, saisi à la gorge comme chaque fois, j'essaie de savoir ce que je peux faire en dépit de la panique qui monte, une vague énorme m'emporte, je me démantèle, vue brouillée, au bord des larmes, la main immense, invisible, revient, elle serre ma poitrine, mes entrailles, je ne me raisonne pas, je me raisonne mais rien n'y fait, je suffoque, à nouveau, je suffoque, ne venez pas, dans une heure ils vont arriver, 18 h 11, laissez-moi trembler, quelle désolation, mes yeux se perdent dans le décor de la chambre, comme si je ne m'y incrustais pas, ce décor, je n'y adhère plus, quelque chose en moi refuse tout ce qui m'entoure, refus silencieux, il y a des filaments, des étoiles noires qui tombent dans mes yeux, je ne vois rien arriver, non, il ne va rien arriver, tout va bien, il ne va rien arriver, 19 h 15, les voilà, je les entends, ils débarquent, les invités, je me cache dans une autre pièce, je les entends parler, rire, mon visage enfoncé dans l'oreiller, à suivre des yeux la forme de ses plis et de ses replis, 20 h 54, je somnole, puis la vague revient, 21 h 07, les amis dînent à côté, je ne peux pas me lever, je ne les ai même pas vus, ce que je pourrais leur dire, leur regard posé sur moi, encore moi, encore moi.

*

C'est un fléau, une infection, ou plutôt je serais *possédé*, agité par une extraordinaire puissance de négativité qui vient de quelque part en moi que je ne vois pas, je transpire, j'ai très chaud, non, j'ai très froid d'un seul coup, je ne supporte plus l'enchevêtrement électrisé de mes neurones, ma volonté constamment agitée qui me descend sur le thorax et appuie, appuie... je m'étouffe, je deviens un bloc de béton, pure gravité.

*

Je n'ai jamais autant souffert que dans ces moments-là. Et il faudrait aller de l'avant, encore et toujours ?

*

En 1986, j'ai seize ans, je suis au lycée à Paris, j'ai un ami avec lequel je passe de longues heures au téléphone, je prends des cours particuliers de soutien en mathématiques qui me conduisent au bord des larmes, et Christopher Knight n'a que cinq ans de plus que moi, il s'inscrit comme ses deux frères à un cours d'électronique à Waltham dans le Massachusetts, la Sylvania Technical School, il est grand, on sait qu'au lycée il détestait les cours de sport, il achète à crédit une Subaru neuve, on ne sait pas quel jour de cette année 1986, il touche sa dernière paie d'un job qu'il a trouvé à la sortie de l'école, il n'a pas d'amis, il encaisse le chèque et quitte la ville, c'est le printemps, cette semaine-là le réacteur n° 4 de Tchernobyl vient d'exploser, il n'a prévenu personne, il roule plusieurs jours, il parcourt des milliers de kilomètres jusqu'en Floride, j'imagine qu'il doit dormir dans des motels pas chers ou dans sa tente, il reste sur l'Interstate, il n'a presque plus d'argent, et puis, un soir, il fait demi-tour, et refait tout le chemin en sens inverse, la route passe devant la maison familiale dans le Maine, mais il ne s'arrête pas, et il monte vers le nord, « au nord, toujours plus au nord ».

« J'ai roulé jusqu'à ce que je tombe presque en panne d'essence. J'ai pris une petite route. Et puis encore une petite route qui bifurquait à partir de la première », racontera Christopher Knight à la police lors de son arrestation. Il ne possède pas de carte, il se trouve à proximité d'un lac dont il ne connaît pas le nom, le lac Moosehead, il s'arrête, abandonne sa voiture et entre dans les bois après avoir pris dans son coffre sa tente et son duvet. La végétation est très dense, il aborde un coin du lac où se trouvent une série de bungalows inoccupés en dehors des week-ends et des périodes de vacances, et c'est là, à quelques centaines de mètres, dans une sorte de clairière entourée de gros rochers qui la mettent à l'abri des regards qu'il installe son campement, sa tente doublée d'une sur-tente composée de deux grandes bâches de plastique, un espace pour manger, un trou où il enterre ses maigres provisions, un autre pour les déchets. Il lit des livres, surtout des romans policiers qu'il trouve dans les bungalows dont il force les serrures, il s'y rend certaines nuits avec une lampe de poche accrochée à la ceinture pour trouver à manger.

Dans ce coin sommairement aménagé, Christopher Knight passa vingt-sept ans de sa vie.

Il fut arrêté par un shérif local sous la pression des propriétaires exaspérés de voir leurs bungalows visités plusieurs fois par an.

Il avait appris à se déplacer sans laisser de trace de son passage, mémorisant tous les recoins de la forêt.

Dans cette région, son corps avait aussi appris à résister à la faim et au froid glacial pendant l'hiver en restant éveillé la nuit.

Pendant tout ce temps, il ne croisa que deux promeneurs qui s'étaient perdus.

*

Dans ces moments-là, il y a trop de choses, je marche, ça me fait suffoquer, le vent souffle par longues rafales, il remplit ma bouche entrouverte, je suffoque, il m'empêche de respirer, il me paralyse, il m'interdit d'avancer, il m'arrête au milieu du trottoir, essoufflé.

Déchiré en deux.

*

Dans les moments de répit, je vis dans la terreur que les attaques de panique reviennent, cela ne s'arrêtera jamais, comme des ennemis invisibles qui me prendront par surprise pour venir me harceler, me broyer à l'intérieur.

*

Je voudrais tellement y croire, ce serait si beau.

Mais non, ce n'est pas comme si j'étais sûr de quoi que ce soit à propos de cette histoire, nous n'en avons pas de preuve, rien, pas même le début d'un témoignage ou d'une observation directe, comme s'il ne s'agissait que de l'écho lointain d'une vieille fable ou bien d'une rumeur colportée de village en village jusqu'à cet unique compte-rendu paru en 1900 dans le très sérieux *British Medical Journal* qui situe les faits dans la province de Pskov en Russie.

Et personne, non, personne ne semble avoir poussé l'étude plus loin, là où l'on commencerait à distinguer quelques silhouettes figées, inexorablement perdues sur la plaine, alors que les grands froids arrivent avec les bourrasques de ce vent qui vient de là-bas, du mauvais côté, qui n'offre aucun espoir, de la mer Baltique, au nord, avec cette odeur de fer très reconnaissable dans l'air qui annonce la neige.

Et ils le sentent tous dans les os de leurs pieds enveloppés de découpes de cuir et de vieux chiffons, le gel a durci toute la nuit l'herbe et la boue alentour, il y a bien quelques rayons de soleil, maigres et tièdes, qui percent au matin mais ils n'y changeront rien : *il est temps*, c'est ce qu'on se dit ici dans les maisons perdues sur la plaine, quelque chose comme un signal dans le ciel dit qu'il est temps, *ils savent*, avec ce mélange de détermination muette et de fatalisme, il faut appeler les enfants, les plus grands ont compris depuis longtemps ce qui se passait, ils traînent les pieds quand on leur demande d'aller nettoyer une dernière fois les outils, avant de les cacher sous une latte du plancher à proximité du four, de calfeutrer les fenêtres une à une à l'aide de bourrelets de laine ou de chanvre tordus, à genoux, il faut les presser très fort dans les fentes, les caler sous les portes, la préparation de la maison peut prendre ainsi quelques semaines, à refaire le compte des réserves de viande séchée si les bêtes ont été assez nombreuses cette année, à abattre les dernières brebis qui ne font plus de lait, à cuire les pains et galettes de seigle, à compléter les tas de bois tant que le froid et le gel ne brûlent pas encore leurs mains rouges et nues, les joues creusées, les visages émaciés.

Dans le district certains hommes n'ont pas attendu, ils ont préféré fuir, volant parfois un cheval efflanqué qui s'abattrait plus loin, fou de fatigue et de faim, laissé agonisant au milieu du chemin, et rejoindre la ville où l'on apercevrait peut-être l'un d'eux, tendant sa main tremblante de froid à la sortie des églises, le visage blême d'une maigreur effrayante, méconnaissable.

Mais voilà la neige qui arrive, on laissera jouer les petits dans un coin de la maison et on enverra les autres traverser les champs gelés, noirs et sans vie, et courir vers la forêt, toute la journée à gratter, à entailler inlassablement les troncs glacés, à arracher un à un des morceaux d'écorce, pilés dans un seau ils feront une poudre brune qu'on ajoutera à la farine, les enfants auront mal au ventre mais la pratique est courante et avérée dans ces régions accoutumées aux longues famines, pendant que les hommes surveillent le ciel, ils sont un peu nerveux, ils sondent l'épaisseur de la neige plus dure chaque jour qui passe, mais ils s'efforcent de ralentir leurs gestes, fument en silence leur pipe de terre, frottant du bout des doigts leurs ongles noirs et cassés, puis ils finissent de boucher toutes les fenêtres, on les entend clouer des lattes de bois arrachées au plancher, si bien que la maison se trouve plongée peu à peu dans une pénombre permanente.

Ils disposent les paillasses autour du poêle ou du four alors que les femmes cousent en silence jusqu'au soir où tout le monde se rapproche, décidé à attendre en chuchotant l'arrivée de la nuit, les enfants se calment, peu à peu envahis par une sorte de douce torpeur, puis le moment vient, chacun s'allonge autour de la seule source de chaleur et s'enfouit dans les couvertures de laine et ferme les yeux et essaie de s'endormir, seul un homme restera assis à somnoler sur un tonnelet, parfois un fusil entre les genoux, à surveiller le feu quelques heures, avant de réveiller celui qui prendra sa place.

C'est la *liojka* qui commence, la « couchée ».

Et on ignore tout des modalités de l'entrée dans un long sommeil chez ces foyers de paysans russes, un cas absolument unique chez l'homme, semble-t-il, de vie confinée et ralentie dans les mois d'hiver, on ignore comment se fait de manière progressive la réduction de leur activité diurne et de leur absorption de nourriture, mais voilà qu'ils dorment maintenant, peut-être quatre ou cinq familles réunies, tous serrés les uns contre les autres, c'est la dernière extrémité, la dernière issue qu'ils ont pour lutter contre la faim et économiser leurs forces, dormir près de vingt heures par jour, une forme d'hibernation qui peut durer de quatre à cinq mois pendant laquelle « l'homme fait la même chose que l'ours ou la marmotte par instinct de la conservation de sa vie », c'est ce qu'écrit un certain Théodore Volkov dans sa notice du *Bulletin de la Société d'anthropologie de Paris* publiée en 1900, qui ne cite comme source qu'un journal russe, *Troudoviaïa Pomochtch*, « Le Secours par le labeur », vraisemblablement la même source que le compte-rendu qu'en fait le *British Medical Journal* qui rapporte l'affaire à peu près dans les mêmes termes.

Et puis c'est tout, à partir de cette date on ne trouvera plus aucune mention dans toute la littérature scientifique, aucune mission d'observation, personne ne semble avoir essayé d'en savoir plus, de mesurer leurs besoins caloriques qui diminuent, comme le rythme de leur cœur, la chaleur de leurs corps affaiblis, leurs muscles qui fondent peu à peu, voilà, le silence s'installe, le feu rougeoie dans l'obscurité, une épaule remue, un corps se retourne en gémissant, c'est un enfant dans les bras de sa mère ou de sa grand-mère, elle lui prend la main, chuchote quelques mots à son oreille, il a fait un mauvais rêve, quand il se rendort c'est le silence à nouveau, et les heures, les nuits s'allongent, elles se confondent avec les jours, elles mêlent les respirations ralenties, les grognements, les bruits d'estomac, les murmures amoureux aussi, peut-être, des jeunes mariés qui s'étreignent et laissent échapper de petits rires étouffés et, on ne sait pas pourquoi, mais on voudrait sentir leur chaleur, écouter leur souffle, on voudrait rêver encore un peu plus, encore, de ce petit peuple reclus qui n'a sans doute jamais existé, affamé, ensommeillé, sans autre force que lui-même, qu'on imagine ce que…

*

Non, arrête.

Arrête, ça suffit, n'y pense plus, ôte-les-toi de la tête, ces sortes de rêveries, c'est morbide, chasse-les une bonne fois pour toutes de ton esprit.

Assez dormi, tu ne te rends pas compte, tout ça, ça pue la misère et le renfermé, fais un effort, soulève-toi, pousse sur tes jambes, tire sur tes bras, tu peux ramper jusqu'à l'entrée de ton terrier, bois un peu d'eau, remplis tes poumons de l'air qui brûle dehors, redresse-toi, sors.

*

Tu devrais faire un peu de sport, ça te ferait du bien, tu penserais à autre chose.

*

Mais voilà que tu penses à Albert qui ne peut pas s'empêcher, comme s'il n'était plus lui-même dans ces moments-là, en plein travail, de laisser ses outils et, sans saluer ses collègues, il sort et s'enfuit sur les routes, ça commence quand il a douze ans lorsqu'il est apprenti à la Compagnie du gaz de Bordeaux et qu'il se « réveille » dans une ville à des kilomètres de là où il aide un vendeur de parapluies, et l'histoire se répète plusieurs fois, avec des fugues qui le conduisent chaque fois de plus en plus loin, alors que c'est un employé modèle, travailleur, qui ne boit jamais une goutte d'alcool, il abandonne tout et part sur les routes dans un état quasi somnambulique, il fuit, il erre sans but, exerçant divers métiers ou vivant de mendicité, dès qu'il entend un nom de lieu il se remet en marche, si bien que lors de son dernier grand voyage en 1881-1882, il déserte pour la seconde fois, quitte le régiment dans lequel il a été incorporé, et il parcourt l'Europe en tous sens en passant par Bruxelles, Cologne, Francfort, Vienne, Leipzig, Berlin, toujours plus à l'est, il se retrouve à Varsovie, blessé par un chien errant, puis à Moscou où il est arrêté et reconduit à la frontière turque, puis il prend le chemin du retour, rejoint son régiment, il est condamné à trois ans de travaux forcés en Algérie, libéré pour bonne conduite, et retrouve son emploi à la Compagnie du gaz de Bordeaux, où il est pris en charge à l'hôpital Saint-André par le docteur Tissié qui se passionne pour son cas, et bien d'autres cas d'« aliénés voyageurs », dont il se fait une spécialité, si bien que, pendant quelques années, ces sortes de fugues soudaines quasi somnambuliques deviennent une pathologie répertoriée sous les noms d'« automatisme ambulatoire » ou de « dromomanie », Tissié parlant même de « tourisme pathologique », où le patient perd pour une grande part la mémoire des lieux et événements qu'il traverse, perte d'identité, voyage sans but, désir de fuite incontrôlable.

*

En 2015, je rejoins mon ami Daniel sur la côte normande alors que je crois calmer, grâce à ce bref séjour en sa compagnie, mes attaques de panique qui durent depuis deux semaines au moins.

Je suis dans cette immense maison au bord de la mer, j'entends battre les vagues sur la jetée toute la nuit, elles me réveillent dans un état d'angoisse effroyable que rien ne parvient à réduire, je suis misérablement emporté, la mer pue tout le matin, les algues pourrissent au soleil qui illumine la côte, elles me retournent l'estomac, on voit loin, au large passent d'énormes porte-conteneurs, des milliers de conteneurs multicolores empilés, cette boîte au format standard conçue au début des années 1980 qui a sans doute été, beaucoup plus que tous les accords, lois et règlements, le plus grand accélérateur de la dynamique du commerce mondial.

Je suis si mal, désaffecté, je me sens comme une petite voiture électrique qui tape contre un mur, rebondit, repart en direction du mur, le percute à nouveau et comme ça, encore et encore, j'ai froid, très froid, regardez, vous voyez bien que mon cœur bat trop fort, je ne tiens plus, mon cœur ne va pas tenir, je porte ma souffrance sur tout mon visage, je l'ai vu au réveil dans un miroir de ma chambre, puis dans les yeux de Daniel qui ne savait pas quoi faire.

*

Je n'y peux rien, le MONDE est advenu, ça a pris du temps, mais je sens qu'il est bien là, ce monde, il coule dans mes veines, voyez comme il loge désormais dans chacun de mes organes et chacune de mes cellules ou presque, il vit en moi, je n'y peux rien.

*

C'est le nouveau cours des choses, ce cœur du monde qui bat partout, dans les cieux habités d'aéronefs et de satellites par milliers jusqu'aux grands fonds où reposent les câbles océaniques qui concentrent et acheminent l'essentiel des flux de nos désirs intarissables tels que celui de cet Australien dont j'ai lu l'histoire dans un journal, j'ai oublié son nom, qui a vendu d'un coup, en un seul lot, sa maison de Perth, sa voiture, sa moto, ses meubles, sa tondeuse à gazon, son Jacuzzi, toutes ses assiettes et tous ses verres, jusqu'à la dernière petite cuillère, tous ses vêtements, toutes ses chaussures, son chien, tous les jouets et tous les dessins de ses enfants, son téléphone, son job et ses amis, IL A TOUT VENDU sur un site d'enchères, il a vendu intégralement sa vie pour se remettre dans le mouvement de l'existence, il l'a raconté dans de nombreuses conférences, pour se réinventer, pour retrouver un sens à son existence encalminée, dévitalisée comme une vieille molaire oubliée au fond d'une bouche fermée.

*

J'ai vingt-deux ans, les attaques de panique ne sont pas encore survenues, à Sciences-Po j'assiste à des cours de macroéconomie et de finances publiques, je vote « oui » au référendum sur le traité de Maastricht qui ouvre les perspectives d'une monnaie unique à l'Union européenne en l'assortissant d'une sorte de « constitution budgétaire », des règles intangibles de respect de ratio de déficit et de dettes publiques qui sont au cœur de l'orthodoxie économique que l'on m'enseigne alors.

Cette année-là, Gary Becker obtient le prix Nobel d'économie pour ses travaux sur le « capital humain ». Dès les années 1960, grâce à son collègue Jacob Mincer, les modélisations du type $Lnw = \ln w_0 + \rho s + \beta_1 x + \beta_2 x^2$ (où w représente le revenu, w_0 le revenu pour une personne sans éducation ni expérience, s le nombre d'années d'études et x le nombre d'années d'expérience) ont solidement établi le rendement des investissements et des allocations de temps consentis par chacun pour survivre et durer dans des environnements hautement concurrentiels, ce qui contribue dans les faits à transformer chaque individu non seulement en *homo economicus* (guidé par la rationalité et la stabilité relative de ses préférences) mais aussi en investisseur ou entrepreneur complet de lui-même.

Assumant un « impérialisme » de la science économique sur toutes les dimensions de la vie humaine (du couple et de la famille au comportement criminel), Becker ouvre alors un champ de possibilités extrêmement rassurantes à la psyché humaine qui sait maintenant où elle va, ce qu'elle a envie de faire et ce qu'elle peut faire, libérée des formes de culpabilité morale et d'inhibition qui constituent autant de freins à la croissance et à l'innovation générales.

Si je m'investis, c'est bon pour mon estime de soi et, même si de méchantes rafales de pluie poussées par la tempête continuent de frapper les vitres de la fenêtre de ma chambre, je n'ai qu'à avoir quelques petits projets, et je vais m'en sortir, le monde est là maintenant, je sais qu'il n'attendra pas, ni moi ni personne.

*

Tout commence pour Kim dans les années 1990, qu'on appelle les « années H » à Los Angeles car c'est la grande époque de Paris Hilton, l'une des arrière-petites-filles de Conrad Hilton, l'héritière de la célèbre chaîne d'hôtels, qui fait un peu le mannequin, un peu l'actrice, un peu de télévision sans vraiment construire une vraie carrière, elle devient vite une star et, avec Kim, elles ne se quittent plus, telle une dame de compagnie Kim essaie de mettre un peu d'ordre dans la gigantesque garde-robe de Paris qui encombre alors plusieurs dressings et même le garage de sa maison de Sunset Strip, c'est aussi là qu'elles sortent toutes les deux dans les restaurants et les clubs du moment, comme dit Paris : « Oui, à cette époque, on s'est tellement amusées toutes les deux », sur les images, on devine ce qui est déjà en train de se passer, à cette époque, Kim est toujours un peu à l'arrière-plan, elle est encore dans l'ombre, elle sourit mais les flashs qui crépitent ne sont pas pour elle, ce n'est pas son prénom qu'on hurle à la sortie des clubs, mais celui de Paris l'« héritière », la « bad girl », tandis que Kim, elle, range les dressings de Paris, elle réserve chez les esthéticiennes et les salons de coiffure, elle conduit le SUV de Paris, elle est là, elle sourit dans l'ombre, et elle observe, elle sourit et elle *apprend.*

*

Tu as si peur, essaie de respirer calmement, tu as si peur que le monde avance sans toi, qu'il te laisse sur le bord, seul, sans défense.

*

Dans sa jeunesse d'une « incurable indolence », William Rappard a traversé dix-sept fois l'Atlantique en voilier, il incarne au plus haut point ce qu'il est commun alors de nommer l'« esprit de Genève » qui insuffle toute sa carrière de diplomate, avant qu'il se décide à jeter les premières bases, en 1927, de l'Institut universitaire des hautes études internationales, en espérant qu'il contribuera « à réduire la méfiance et l'influence de préjudices séculaires et s'attellera à rendre le monde empreint de davantage de justice, de vérité et de lumière ».

Et il faut imaginer que c'est là, à quelques centaines de mètres à peine du futur siège de l'Organisation mondiale du commerce, dans cette jolie bâtisse de trois étages de style florentin, la villa Barton et ses belles et sobres façades, leur couleur rose dragée qui relève plaisamment ses lignes austères, que s'exprimera aussi le bonheur d'être suisse, au carrefour de ces jeunes et effrayantes petites nations qui sont nées des traités d'après-guerre et qui feront encore couler tant de sueur et de sang.

À l'Institut des hautes études internationales, sous ce ciel d'un bleu incomparable, des fenêtres de la villa on aperçoit le lac et Genève, et le chêne géant de Lettonie, et l'hiver qui arrive sur le Jura, les quelques oiseaux qui restaient se sont tus ou ils sont partis, William Rappard a de quoi être inquiet, depuis qu'il observe la remontée des périls, de cet esprit nationaliste virulent, de cette forme d'arriération mortifère qui a déjà ravagé le continent européen, alors, dans les bureaux feutrés de la villa, à ses côtés les membres de l'institut sont décidés à défendre la cause du monde, il faudra lutter sans relâche pour le faire advenir enfin, ce monde qui permet chaque jour qui passe le rapprochement entre les hommes, d'abattre toutes les frontières et de tendre vers la paix universelle.

Sur les berges du lac de Genève, à l'écart de l'agitation générale, autour de William Rappard et de son acolyte Paul Mantoux ils se retrouvent régulièrement à la villa Barton, quelques grands esprits de leur temps qui ont foi dans le monde, venus de toute l'Europe pour commenter des courbes et tableaux à voix basse, analyser les avantages comparatifs, l'évolution des taux de change, la parité des pouvoirs d'achat, les formes de la division internationale du travail, les retournements de cycle, les droits de douane sur les marchandises qui freinent la liberté du commerce et le développement du libre marché, tous les bénéfices de l'interdépendance économique, de cette « world economy » (l'expression fait son entrée dans le dictionnaire ces années-là), qui répandra la paix dans le monde.

Tous leurs efforts n'y pourront rien, et après la Seconde Guerre mondiale et toutes ses horreurs, lorsqu'il faudra tout reconstruire, reconstruire la liberté, les voilà qui se retrouvent à nouveau, William Rappard et Ludwig von Mises, et d'autres, Friedrich Hayek, Milton Friedman, Gary Becker, après la guerre en avril 1947 en Suisse, cette fois au bord du lac de Genève, à côté de Vevey, sur les contreforts d'une grosse colline boisée appelée Mont-Pèlerin, quelques mois à peine avant la signature officielle de l'Accord général sur les tarifs douaniers et le commerce, le GATT, qui inaugure plusieurs cycles de négociations multilatérales destinés à supprimer les obstacles au libre-échange, c'est dit, ils se reverront chaque année au même endroit pour contribuer au bien-être du monde.

Pour eux, l'optimisme doit demeurer un devoir moral, toujours ils verront loin, toujours ils verront grand quand il s'agit de supprimer les obstacles et d'aplanir la terre, lorsque la surface du monde sera sans relief, tous les murs et murailles abattus, toutes les frontières disparues, toutes les buttes arasées, tous les trous de bombe rebouchés, la société ouverte à tous les vents, la grande société des hommes enfin libres, fortifiés, seuls à même d'aller, de suivre tranquillement leurs envies, de produire, de vendre et d'acheter à leur guise, de gérer leurs affaires comme ils l'entendent, allégés, suscitant seuls cette effervescence créatrice illimitée qui forme l'ordre spontané du marché et du monde unique, le sel de l'existence.

Ils y pensent peut-être quand leurs yeux parcourent les graphiques et les courbes de prix étalés sur la table ou punaisés aux murs dans la bibliothèque de la villa Barton, dans leur monde à deux dimensions, comme les eaux calmes et lisses du lac à leurs fenêtres, seules des abscisses et des ordonnées, *deux dimensions, cela suffit au fond à faire un monde*, la profondeur ne peut jamais rien apporter de bon, rien d'autre que le règne de la tyrannie, de la servitude, du totalitarisme, de la violence, de la guerre, de la barbarie.

*

Car enfin comprendras-tu ? Comprendras-tu qu'il n'y a aucun endroit où aller ? Il n'y a pas de refuge, il n'y a pas de point où diriger ta fuite.

*

Il y a seulement la foule qui tourne en tous sens, elle piétine plus nombreuse en dépit du soir qui tombe, une masse pareille de gens, affairée, réjouie en dépit de la pluie froide, c'est Noël qui approche, ou bien alors c'est le premier jour des soldes, comment savoir, des lumières de tous les côtés, des guirlandes, des sapins argentés alignés sur le trottoir au centre de l'avenue piétonne, c'est très large à cet endroit depuis les travaux d'aménagement, l'odeur très forte de châtaignes ou de marrons grillés, maintenant, nous sommes là tous les deux arrêtés sous l'auvent à l'entrée des Galeries, la foule se presse le long des vitrines animées, il y a du monde qui encombre la chaussée, parcourant les pavés roses, beiges et clairs, des mélodies de Noël, on se croise dans le vent glacé, tous ces parfums, et puis il y a des types, des jeunes, pas nombreux, qui ne bougent pas, ils restent là, qui traînent au milieu avec leurs chiens, gênant un peu le passage devant chez l'opticien, sur des morceaux de carton ou des sacs plastique, dans l'odeur de bière, et toi, toi, je vois bien que tu n'en peux plus, tu fouilles dans ton sac à main maintenant, sans doute pour retrouver ton porte-monnaie, le ticket du parking à l'intérieur, accroupie, pliée sur ton sac posé sur tes genoux, tes mains qui retournent tout à l'intérieur, tu n'écoutes plus, tu ne fais plus attention à ce qui se passe autour de toi, les passants qui enjambent tes sacs posés à côté de toi, une dispute qui commence avec le type du kiosque pas loin, et moi qui te murmure quelque chose à l'oreille, je te relève comme ça, avec délicatesse, comme je peux, je te tire à l'écart du flux des passants, dans un recoin vers le bord du trottoir, penché sur toi, je te tiens la main serrée, tu te touches le front à nouveau, tu te sens un peu étourdie, là où nous sommes, nous gênons le passage, les vitrines nous éblouissent comme elles éblouissent toute chose, il y a la foule indifférente qui passe et repasse devant, derrière nous, et toi qui me regardes, tu oublies une minute tes chaussures qui te font mal et cette douleur en bas du dos, tu me regardes, tu cherches mes yeux qui se dérobent un peu, qui s'attardent maintenant sur les pavés, je proteste en souriant, j'embrasse tes cheveux, je replace délicatement une petite mèche derrière ton oreille, tu écoutes ma voix ferme, assurée.

— Ce canapé, regarde, je ne veux pas qu'on regrette, écoute-moi, écoute-moi, j'ai vérifié, il est en solde, enfin presque, une sorte de solde pour le modèle d'exposition, on peut payer en six fois et sans frais en plus, c'est une petite folie, je sais, mais ça ne représente pas grand-chose chaque mois, l'équivalent de trois sorties, et tu me connais, je peux négocier une petite remise supplémentaire, tu me connais, alors, tu es d'accord ? Qu'est-ce qui t'arrive ? Parle-moi, dis quelque chose, tu as l'air…

Et toi, terrifiée, tétanisée, bousculée de partout dans le passage, comme si tu partais en morceaux, des bouts de toi-même qui s'effritent et qui tombent par terre, tu ne peux plus bouger, au fond tu aurais envie simplement de laisser aller les choses, qu'elles se fassent, qu'elles se décident sans toi, arrachée à cet état d'agitation, de stress qui monte dans tes jambes, oui, qu'on t'abandonne au bord de la route, comme ça, sur le bas-côté avec tes larmes, que tu puisses oublier tous ces phares qui te crèvent les yeux, te coucher dans le fossé, te laisser glisser sur l'herbe mouillée, t'engloutir dans ce torrent d'eau sale et visqueuse.

Mais non, tu souris, voilà, tu opines, c'est fini, tu as cédé, regarde, tu es heureuse, nous voilà à l'unisson, je t'embrasse à nouveau, je te serre fort dans mes bras, un bref moment d'extase où tout semble s'arrêter autour de nous et puis le monde qui se remet en marche et de nouvelles images naissent en nous, qui ressemblent déjà à des souvenirs, ce canapé, tu le mettrais vraiment à droite en face de la fenêtre, si près de la table ? et la lampe de ta mère ? et le chat ? il faut y penser, à tous les coups il faudra lui couper les griffes sinon, le canapé, ou bien le protéger avec une couverture ou un drap, ce serait dommage, un si beau canapé…

Ce canapé, il est là, il commence déjà à s'imprimer dans notre vie comme une grande chose qui fixe, qui ordonne d'un seul coup autour de nous le décor de nos caresses, de nos jambes fatiguées, de nos larmes, là où survit cet amour qui fait le tout de l'existence.

*

Si bien qu'il y a un marché pour toute chose en ce monde, pour ce qui se trouve sur terre et dans les airs, dans les mers, pour toute chose qui est là et pour tout ce qui arrive et tout ce qui pourrait arriver dans l'avenir et tout ce qui se passe dans tous les organes du corps et dans les tréfonds de l'âme, du début jusqu'à la fin de ma vie :

le marché des frites congelées
le marché des mères porteuses
le marché de la liquidité interbancaire
le marché du cobalt
le marché du divorce
le marché des produits dérivés
le marché des droits à polluer

le marché des assurances
le marché des pur-sang
le marché de l'emploi des jeunes
le marché de la dépression
le marché de la méthamphétamine
le marché du cannabis
le marché du gaz
le marché des organes
le marché de la fin de vie
le marché des produits ménagers bio
le marché des familles monoparentales
le marché de la préadolescence
le marché des produits pétroliers
le marché du sexe tarifé
le marché de l'audit
le marché du logement
le marché du conseil en prospective
le marché du voyage et de l'évasion
le marché du sommeil
le marché de l'attention
le marché des vélos d'occasion
le marché des voitures neuves électriques
le marché des embryons animaux
le marché de l'espace et des corps célestes
le marché du taux actuariel
le marché des rencontres amoureuses
le marché du kiwi
le marché des loisirs créatifs

le marché conjugal
le marché du nettoyage à domicile
le marché des droits de pêche
le marché des devises
le marché de l'outplacement
le marché du jardinage particulier
le marché des taux d'intérêt à moyen terme
le marché des produits nucléaires
le marché de la garde d'enfants
le marché du crime
le marché de la beauté
le marché de la formation
le marché du lithium
le marché des swaps
le marché de l'aide à domicile
le marché des opiacés et antidouleurs
le marché du sextoy
le marché du soutien scolaire
le marché de la truite fumée
le marché du jouet
le marché de l'amitié et des nouvelles rencontres
le marché des valeurs technologiques
le marché des vaccins
le marché de la plaisance
le marché de l'emploi universitaire

On n'arriverait certainement pas à terminer un jour la liste, si bien qu'on se dit sans exagérer à la fin que le marché est devenu la *seule* catégorie qui permet d'appréhender le monde dans son entier, *le marché c'est le monde et le monde c'est le marché*, pour ainsi dire le monde est tombé dans le marché, le marché est tombé sur toute chose, et dans un article resté célèbre, publié dans le *Journal of Economic Perspectives* en 1991, quelques mois avant l'effondrement définitif de l'Empire soviétique, le Prix Nobel Herbert Simon conçoit qu'un visiteur imaginaire venu de Mars, approchant de la Terre équipé d'un télescope susceptible de révéler la nature des structures sociales surdéterminées par le marché (en rouge) ou non (en vert), ce visiteur, estime Simon, enverrait un message chez lui décrivant de «grandes zones vertes interconnectées par des lignes rouges».

Mais revenant trente ans plus tard, le visiteur de Mars apercevrait une tout autre planète, rouge vif, où le marché a pris toute la place, eh oui, ça frotte, c'est dur, on perd parfois ses repères, les prix fluctuent, s'envolent, c'est l'affolement, ou bien les choses perdent brutalement toute leur valeur, tout s'effondre et on lâche prise, c'est la panique, mais dans l'ensemble, ça marche, chaque jour quand tu sors dans la rue, c'est cadré, tu arrives toujours à négocier ta place dans ce monde, tu sais où tu vas, tu as des projets, tu es prêt à rebondir, tu es à l'écoute de ton désir, tu stabilises tes préférences, tu en as besoin pour conduire ta vie.

*

À propos de l'édition anglaise de son traité, qui portera finalement le titre de *Human Action*, Ludwig von Mises écrit au directeur des Presses universitaires de Yale, en décembre 1944 : « Mon but en écrivant ce traité est de fournir une théorie compréhensive du comportement économique [...] et de me confronter aux objections issues de plusieurs approches : éthique, psychologie, histoire, anthropologie, ethnographie, biologie — qui ont été soulevées contre la pertinence du raisonnement économique et la validité des méthodes appliquées par les économistes de toute école et tradition de pensée. Seul un tel traitement exhaustif de toutes les objections peut satisfaire le lecteur et le convaincre que l'économie est une science riche de savoirs et capable de guider sa conduite. »

En juillet 1927, von Mises est dehors, dans les rues, il entend les tirs de fusil et de mitrailleuse, il voit les cadavres dans les rues de Vienne lors de l'incendie du Palais de justice, des émeutes ouvrières réprimées dans le sang à son grand soulagement, lui qui déteste tant le communisme, avant de fuir le nazisme dix ans plus tard quand il voit son appartement dévasté par ces hordes de brutes, et comme Rappard à Genève, il venait de créer son propre institut à Vienne, sa ville, l'Institut de la Conjoncture parce que, qu'elle soit heureuse, triste, dramatique, délicate, difficile, grave, pénible, terrible, tragique, agréable, favorable, lointaine, accidentelle, fatale, imprévisible ou particulière, *la conjoncture ce n'est pas autre chose que la vie même*, des désirs qui sans cesse s'accordent et se désaccordent, comme il le répète sur tous les tons dans son imposant traité sur l'Action humaine, von Mises croit toujours à la liberté, à la seule liberté de l'homme, en somme la liberté de l'action humaine qui « s'occupe de l'homme dans son action, non de l'homme changé en plante et réduit à une simple existence végétative ».

*

Ne t'endors pas, ne passe pas à côté, fais quelque chose de ta vie.

*

Contemple ce décor morne, figé, traversant sur des kilomètres des zones d'habitats anonymes et dispersés.

C'est l'Amérique, on voit bien.

Et, au milieu de tout ça, Victor Gruen qui a fui le nazisme lui aussi, qui chantait et braillait de la poésie dans les cabarets de Vienne avant-guerre, il se disait même socialiste, il était diplômé de l'Académie des beaux-arts, là même où Hitler avait échoué à entrer.

Regarde maintenant comme ce petit homme ne tient pas en place, il a conservé toute sa vie un fort accent viennois, avec ses yeux brillants, sa tignasse et ses sourcils épais, il parle sans arrêt, dit-on, traînant derrière lui deux à trois secrétaires prenant en note ses flots de paroles.

À cette époque, dans les villes d'Amérique et d'ailleurs, les magasins sont fermés sur la rue, avec leurs façades aveugles bardées de slogans et de publicités, il faut entrer pour commencer à acheter.

Victor Gruen, lui, a débarqué en Amérique en 1938 avec huit dollars en poche, et sa première réalisation pour un magasin d'articles de cuir stupéfie l'Amérique par sa simplicité, une splendide galerie en arcades sur la Cinquième Avenue à New York conçue pour attraper le client, et surtout six grandes baies vitrées et une devanture éclairée de spots avec un fond en faux marbre, les revues de marketing et de design commercial saluent son idée « révolutionnaire » de montrer ce qui était autrefois caché, son invention de la vitrine et du « piège à clients » : englouti, le vieux monde des passages couverts d'Europe et des marchandises exposées de Walter Benjamin, l'architecture commerciale passe à la vitesse supérieure, si bien qu'avant-guerre, Victor Gruen réplique ses célèbres devantures pour Ciro, Steckler sur Broadway, et pour douze magasins de la chaîne californienne de vêtements Grayson.

Mais le petit homme ne tient toujours pas en place et il entre véritablement dans l'Histoire après la guerre, en 1954, à Edina, près de Minneapolis, ça s'appelle Southdale, un énorme cube de béton posé au milieu de rien, ou plutôt d'un océan de voitures immobiles, il a conçu un bâtiment de deux étages reliés par des escalators intérieurs sans aucune fenêtre qui vient abriter plus de soixante magasins, l'implantation du premier centre commercial eût été impossible sans l'apport primordial de l'air conditionné, recréant une atmosphère de la vitalité sociale autour de la place centrale au cœur du bâtiment, avec son square sous un plafond bleu ciel, son aquarium, ses immenses arbres sculptés, sa grande cage aux oiseaux multicolores, et surtout son café, reste de souvenir de la Vienne d'avant-guerre.

« Parfois l'intérêt individuel a des effets spirituels remarquables. » Dans le décor morne de l'Amérique, grâce à la climatisation, le « shopping center » de Victor Gruen accueille un concentré d'énergies, de désirs, de circulations, de rencontres, comme le noyau d'une centrale thermique confiné dans un bloc de béton.

*

C'est en 1977, j'ai sept ans, il fait chaud, ce doit être les grandes vacances, je suis avec mon frère dans la forêt loin de la maison, pendant plusieurs jours nous jouons à couper à la scie et à la hache des pins immenses pour construire une véritable cabane, nous sommes si fiers de nous, avant de devoir affronter le regard sidéré de nos parents.

Cette année-là, le secrétariat général du GATT s'installe à Genève dans le grand bâtiment de l'Organisation internationale du travail qui prend le nom de « Centre William-Rappard », au cœur du parc où s'élève un arbre immense et solitaire, un superbe chêne offert en son temps par la Lettonie au lendemain de son indépendance en 1923, l'année où l'on s'apprête à poser en face les premières pierres du bâtiment.

Le site est splendide, un vent tiède remue le gazon du parc, doucement. Il y a de grands massifs d'hortensias qui tressaillent sur leurs tiges, doucement, au loin des voiliers traversent l'horizon, il fait bon le long des berges du lac, tandis que là-haut, maintenant, de longues traînées blanches, majestueuses, se croisent, s'étirent sans fin avec lenteur, avant de se disloquer et de s'évanouir dans le bleu splendide du ciel, quel paysage, le décor s'installe peu à peu, à son rythme, les éléments finissent par s'ajuster, les tensions s'estompent, c'est dans ce moment suspendu d'harmonie, un instantané photographique, ça ne dure pas, comme un modèle d'équilibre, un de ceux qui traduisent une forme de beauté générale, un état fugitif des choses où l'on se sent bien, en accord avec la vibration du monde, le ciel bourdonne au-dessus, c'est un avion qui décolle de l'aéroport Genève-Cointrin.

Trente ans plus tard, en 2007, le chêne géant de Lettonie est toujours là, plus majestueux encore, le parc et tout le bâtiment résonnent des coups de burin des ouvriers chargés de la rénovation du siège de l'OMC qui a emménagé là à sa création pour succéder au GATT.

C'est l'été 2007, le comité des négociations commerciales prépare déjà le fameux « paquet de juillet » de l'année suivante, une étape cruciale dans l'une des ultimes tentatives de relance du Cycle de Doha par le secrétaire général Pascal Lamy, qui constate d'un ton grave l'échec des négociations relatives aux subventions agricoles, aux barrières non tarifaires et à l'inclusion des services dans le processus d'ouverture des économies, cette situation laisse peu d'espoir quant à une reprise rapide d'une atmosphère favorable aux valeurs, à l'esprit qui ont historiquement inspiré les choix et négociations antérieurs et qui ont prévalu dans les grandes années de l'Organisation.

Le secrétaire général a fini par l'admettre : les obstacles et tensions se sont accumulés et, année après année, les différents rouages de l'OMC se sont pour ainsi dire trouvés paralysés, les différends entre États membres persistent notamment sur les dossiers agricoles, l'exercice du droit de veto est devenu régulier, l'Organe de règlement peine à dénouer un nombre croissant de situations figées, et dans la phase budgétaire qui va s'ouvrir on redoute jusqu'à une révision à la baisse des cotisations des États membres pour 2008, le secrétariat général fait passer des consignes pour réduire le train de vie des cadres de l'Organisation, si bien que quelques-uns ont déjà commencé à chercher un poste ailleurs à Genève, à l'OMS, à l'OMPI, etc., voire à la Banque mondiale à Washington.

C'est l'été et les coups de burin résonnent dans le hall d'accueil, les sessions de travail sont suspendues quand une équipe de chantier stupéfaite découvre sur le mur ouest, au-dessus du vieux comptoir, une fois retiré le lambris vernissé d'époque, un splendide panneau en céramique qui dormait là, enfoui depuis trois décennies : une œuvre composée de deux mille carreaux assemblés montre un ouvrier de profil en tunique rouge, dans le plus pur style socialiste, tout en biceps saillants, construisant de ses propres mains un bâtiment formé de briques d'un seul et même texte traduit en quatre langues et composé en élégantes lettres capitales Art déco, il ne faut que quelques heures pour retrouver le nom de l'artiste et de l'œuvre dans les archives du bâtiment, *Bâtir l'avenir* a été commandée en 1926 à l'artiste Albert Hahn Jr par la Fédération syndicale internationale pour illustrer le texte du préambule de la Constitution de l'Organisation internationale du travail qui venait d'installer son Bureau dans les lieux pour défendre la paix universelle et la justice sociale, la liberté syndicale, la réglementation des heures de travail, la garantie d'un salaire assurant des conditions d'existence convenables, le principe à travail égal salaire égal, la protection des enfants, des adolescents et des femmes, etc., jusqu'à ce que le panneau en céramique soit naturellement occulté au moment où le GATT occupe les lieux en 1977.

Avec mon frère, j'ai sept ans, je pleure de désespoir lorsqu'il nous faut démanteler la cabane et rouler avec notre père les troncs d'arbres dans des ravins pour dissimuler les traces de notre délit.

*

Une nouvelle fois, encore une fois, la douleur me mord comme un chien et monte vite à la poitrine et écrase mon cœur enserré, mon esprit se vide, non, il déborde, il s'enfuit dans toutes les directions, rempli de pensées confuses, une scène, un visage, un souvenir, une idée, un nom, ça s'ébauche et ça disparaît, sans rien laisser à ma mémoire.

*

Même si ça ne change rien à l'affaire, sur le moment on voudrait comprendre mais on ne voit pas, personne ne sait comment ça a pu commencer, quelle perte de valeur a provoqué ce début de panique mais c'est allé trop vite, peut-être une annonce officielle, la publication de mauvais résultats semestriels, si bien que ça y est :

ça craque
ça dévisse
et rien ne se dessine
vraiment
(il y a trop de paramètres ?)
à part des courbes
comme celle de Gauss
selon laquelle
les événements économiques
sont aléatoires
mais tendent à s'approcher
d'une moyenne

(c'est rassurant)
à cause de laquelle
les marchés
sous-estimeraient toujours
les événements extrêmes
imprévisibles
ce qu'on appelle
les « cygnes noirs »
(quelle blague)
New York a accusé
une chute historique lundi
les voilà, dévastés
la tête entre les mains
à la télévision
après le rejet
du plan de sauvetage
dehors
ils ne voient pas, mais
les arbres enflammés
leurs nœuds craquent
leur tronc éclate
le ciel brûle sans fin
le Dow Jones a plongé
en clôture
à 10 365,45 points
il n'y a rien d'autre à faire que fuir
(panique générale)
exprimé en points

l'indice vedette de Wall Street
a cédé 777,68 points
vendez
vendez
vendez
on a quelques heures
pour sauver les meubles
en matière de points
sa plus forte chute (684,81 points)
avait été enregistrée
sept ans plus tôt
le 17 septembre 2001
jour de la reprise des échanges
après les attentats terroristes
du 11 Septembre
ça monte
ça monte encore
dans les salles de marché
la nervosité est palpable
(quel risque de contagion ?)
vendez
vendez
jusqu'à être à l'os
(il n'y a pas d'os)
le rejet du plan
est un mauvais signal
envoyé au marché
ce sera peut-être bientôt

trop tard
ça ne vaut déjà plus rien
une chute historique du marché
ce qu'il n'avait jamais connu
dans son histoire plus que centenaire
le niveau sans précédent
de destruction de valeur
l'indice des valeurs technologiques
a cédé 9,14 % (199,61 points)
et l'indice élargi Standard & Poor's
8,81 % (106,85 points)
selon les chiffres définitifs de clôture
vendez
vendez
vous allez voir
ça ira mieux
vous vous sentirez plus légers
plus rien ne vaut rien
en attendant la reprise
chaque jour qui passe apporte
la chute d'une institution financière
aux États-Unis
a noté Mme Piegza
tandis qu'en Europe et en Asie
la chute des cours
s'est brusquement accélérée
poussant à des interventions d'urgence
vendez

vendez
le titre Citigroup
qui avait fortement progressé en séance
a finalement cédé
11,91 % à 17,75 dollars
Wachovia s'est logiquement effondrée
de 81,60 % à 1,84 dollar
la débâcle est générale
il n'y a rien à faire
la chute des cours des matières premières
emportées par la crise de confiance
qui touche les marchés
le baril de pétrole a perdu
plus de 10 dollars à New York
le pétrolier ExxonMobil
première capitalisation du Dow Jones
a cédé 8,17 % à 74,06 dollars
Chevron 10,87 % à 77,50 dollars
le géant de l'aluminium Alcoa
a lâché 9,18 % à 21,38 dollars
autant de valeur pulvérisée
terreur à tous les étages
(spectre de la dépression
après la panique)
pas seulement une crise américaine
une crise mondiale
qui emporte tout
a ajouté l'analyste

il faut faire quelque chose
on ne peut pas
vendre comme ça
encore et encore
(meute de chiens affolés)
il faut
se ressaisir
trouver un levier
pour enrayer la chute
pour arrêter la spirale
injecter des liquidités
prévoir un nouveau plan de relance
il faut faire quelque chose
ça ne marchera pas sinon
on ne va pas s'en sortir
tout seuls
stabiliser
retrouver des fondamentaux
sans lesquels
avant que tout finisse
par recommencer.

*

Je ne me rappelle toujours presque rien de ce voyage en Sicile, c'était seulement il y a cinq ou six ans, je ne me rappelle presque rien de ses paysages, de ses églises, des musées, etc., il y a juste une petite ville, fortifiée je crois, mais je ne me souviens pas de remparts ni de tours, perchée au sommet d'une colline rocheuse, je suis au volant d'une voiture de location que nous avons récupérée à l'aéroport, nous faisons beaucoup de route, mes crises ne m'empêchent pas de conduire, je vais même plus vite encore qu'à mon habitude, comme si l'effort de concentration sur la circulation, le jeu des pédales en rétrogradant, etc., allégeaient quelque peu ma souffrance lorsque je la sens venir dans mes jambes, les crises sont très rapprochées, plusieurs fois par heure, et très intenses, elles m'épuisent, je m'abandonne à leur emprise et les larmes me montent aux yeux, je conduis dans le soleil, aveuglé, je ne sais pas pourquoi, j'ai laissé tous mes médicaments à Paris, c'est comme une dérive, nous essayons de nous tenir à un parcours touristique improvisé en redoutant à chaque moment de l'interrompre pour me rapatrier en urgence ou m'hospitaliser quelque part.

*

Gary Becker est devenu un membre éminent de la Société du Mont-Pèlerin depuis 1947 tant son ambition d'appliquer le raisonnement économique à l'ensemble des comportements humains correspond à l'ambition partagée par tous les membres de la petite société de rénover le cadre théorique du libéralisme et de consolider les fondements de la constitution microéconomique du monde, ils y travaillent depuis des années, depuis qu'ils se retrouvent sur les rives du lac de Genève, eux les exilés, les bannis, comme Friedrich Hayek et Ludwig von Mises dans leur costume de laine sur mesure, lors de leur réunion annuelle, ceux que la presse aime appeler les « maîtres du monde », alors qu'il n'y a pas de maîtres du monde, justement, non, le monde dont ils rêvent est plat et paisible comme les eaux immobiles du lac, il est lisse comme l'alignement des vitrines qui prennent tout l'angle de la rue, le monde sera libre ou ne sera pas, débarrassé du communisme et du nazisme, de tous ces tyrans qui se rêvent en Alexandre le Grand ou en Ivan le Terrible ou en Bonaparte.

*

Au pied de la cité, je sais que j'aurais dû garer la voiture en bas dans les parkings prévus pour les touristes, mais j'ai suivi les voitures qui montaient à flanc de colline, sans doute des locaux, et je me souviens que j'ai tourné longtemps dans cette ville médiévale aux rues effroyablement étroites à la recherche de notre pension, manœuvrant avec le plus de précaution possible, au ralenti, l'angoisse s'ajoutant à mon état critique, à l'idée d'accrocher l'aile d'une camionnette mal garée dans un virage, je tourne longtemps, peut-être une heure, il est tard, le soleil est en train de disparaître, rasant les murs, il m'aveugle, je suis fatigué, je me perds plusieurs fois, accélérant, nous approchons, je tourne dans un petit quartier sombre, les rues se resserrent encore, de la sueur glacée descend le long de mon corps, jusqu'à ce que je me trouve incapable d'avancer ou de reculer, coincé dans un virage, et voilà que j'accélère, voilà, une rage folle venue de nulle part me sauve de l'effondrement et des larmes que je sens venir, tout s'évapore, comme une fuite en avant brutale, la tôle craque, je me souviens bien du frottement et puis du bruit effrayant, un froissement lorsque j'ai accéléré pour en sortir, le regard consterné de deux ou trois hommes qui lèvent les bras au ciel.

*

Et Walter Lippmann écrit que c'est irréversible, « la suppression de l'économie fermée ne fait que commencer dans bien plus de la moitié du monde et aucun Gandhi ne saurait retenir cette marée », des paroles fortes qui résonnent dans les salles du Musée social à Paris, rue Las-Cases, où un colloque historique a lieu dès 1938, organisé par Lippmann lui-même autour de son livre *The Good Society*, *La Cité libre* en français, consacré à la « condition dans laquelle vivent les hommes », sur les moyens d'achever la réalisation de la « promesse enivrante que ressentaient nos aïeux », un colloque qu'il organise avec le Français Louis Rougier, dans le but de promouvoir une authentique « rénovation » intellectuelle (Rougier) ou une « reconstruction » en profondeur (Lippmann) du libéralisme contre les menaces que fait peser sur la liberté des marchés la montée des totalitarismes, un colloque où se retrouvent William Rappard, Friedrich Hayek, Ludwig von Mises, Étienne Mantoux, le fils de Paul Mantoux, codirecteur avec Rappard de l'Institut des hautes études internationales de Genève, mais aussi Raymond Aron, Jacques Rueff, conseiller de De Gaulle, Ernest Mercier, Auguste Detœuf, Louis Marlio, du Redressement français, Michael Angelo Heilperin, de l'Institut des hautes études internationales, et surtout Alexander Rüstow et Wilhelm Röpke, théoriciens et pères de l'ordolibéralisme allemand, Michael Polanyi, le frère de Karl, Stefan T. Possony, économiste et stratège (futur concepteur du programme de défense antimissile, la fameuse « guerre des étoiles » du président Reagan), tous décidés à « trouver un terrain commun de défense contre la volonté de domination des États totalitaires », et c'est ainsi qu'à l'issue du colloque le mot « néolibéralisme » surgit et s'impose comme ça sans broncher, sans qu'on sache vraiment de quelle bouche il est sorti, ce sera une révolution pour l'humanité qu'aucun des participants de la petite société n'aurait sans doute imaginée ce jour-là à Paris, le monde où chacun devra et pourra conduire sa vie comme un capital, en individu enfin libre et responsable, dans le monde où, c'est simple, tout ou presque pourra être réglé ici-bas par le libre mécanisme des prix dans un marché libre, quand on y pense, toute cette masse de jouissance, pourquoi toujours attendre, pourquoi toujours retenir, refréner en serrant les poings et les dents, pourquoi orienter, conduire, ordonner, alors qu'il devrait être si simple de laisser les choses se faire le plus librement possible ?

*

Mais comment faire ?
Comment faire pour laisser les choses se faire ?

*

Essaie de te rappeler encore une fois ces vacances en Sicile où tu errais sans rien voir ou presque, dont il ne te reste presque rien, juste quelques images intenses, insensées, tu la regardes, celle que tu aimes déjà, qui marche alors devant toi dans une ruelle de cette ville, Agrigente ou Syracuse, tu la vois, elle téléphone peut-être en France à un ami, elle ne sait pas quoi faire avec toi, avec ta détresse, elle te parle, viens, allons profiter du soleil, visiter la ville, regarde dans le guide, ça va passer, regarde-moi, lève la tête, on ne va pas rentrer à l'hôtel, la lumière est si belle, ça va passer, ça va passer, cesse de t'accabler, mais ça ne passe pas, ça ne passe pas, non ça ne passe pas, c'est de plus en plus fort, ne m'abandonne pas, laisse-moi, regarde ce que je suis maintenant, j'étouffe, je me décompose, je me détruis, je ne suis que *maintenant*, sans passé ni avenir, seul dans cette souffrance qui détruit tout, qui à tout moment en tout lieu peut surgir, dont nul ne peut prévoir l'apparition, elle semble être ce qui ne peut s'expliquer, la sauvagerie qui survient, qui paraît, brutale, et pulvérise tout ce qui me fait tenir.

*

Cette créature laide, maléfique, mi-homme mi-bouc, je me souviens d'une petite statue qui la représentait dans un musée, c'était peut-être en Sicile, ou bien alors à Naples, j'ai oublié comme presque tout le reste, et je me trouvais face à Pan, c'est ce que je lisais sur la petite plaque en carton jauni à propos de l'un des plus anciens dieux de la mythologie dont on raconte qu'il surgissait pour terroriser les habitants d'Arcadie et mettre la pagaille dans le monde, et je le regardais, et j'avais beau faire, il ne me disait rien, ce petit dieu monstrueux, ce serait si simple de croire que ce qui m'arrive dans ces moments-là vient, comme ça, de dehors, une bête sauvage tapie dans un fourré qui bondit sur moi et me dévore.

Non, quand j'y pense, je me sens comme intoxiqué.

*

Est-ce ainsi qu'on sent battre chaque seconde de sa vie ?

*

Le lancement officiel du dernier Cycle de l'OMC a lieu lors de la quatrième conférence ministérielle à Doha au Qatar, c'est en novembre 2001, deux mois après l'attentat qui inaugure officiellement le XXIe siècle, l'ouverture de ce nouveau cycle vise à engager une nouvelle phase de libéralisation du commerce international par la réduction des obstacles à la libre circulation des biens et à la mise en place de règles révisées, l'ensemble formant le Programme de Doha pour le développement, l'idée que le commerce joue désormais un rôle essentiel comme moteur de la croissance tirée par le secteur privé et qu'il permet de développer à terme des chaînes de valeur mondiales plus inclusives, c'est-à-dire rien de moins que de recréer le monde et de vaincre irrémédiablement cet état d'esprit étriqué, rétrograde qui a réglé l'histoire des nations jusqu'alors, cette forme d'arriération bornée, cet horizon mortifère, vie étroite et mesquine, voilà ce que peut signifier cette volonté de « supprimer les obstacles » au commerce.

L'échec de Doha est acté en 2008 après une ultime tentative de synthèse, mais tous les rapports vont dans le même sens : ce n'est qu'une étape, et lorsque les conditions seront réunies pour relancer un nouveau cycle dans les années à venir, les femmes en seront le cœur, aussi clairement qu'elles semblent devenir une partie de l'avenir du capital, les conclusions de la littérature scientifique concordent toutes : établissant sans ambiguïté depuis le début du XXIe siècle une relation positive entre développement des échanges mondiaux et intégration des femmes au marché du travail (les travaux désormais classiques sur le microcrédit accréditent son rôle dans le développement de la composante exportatrice de la production locale) au point qu'on peut déjà parler d'un « gender effect » à propos du commerce mondial dont les règles à venir doivent être vouées à organiser une « féminisation tendancielle de la chaîne de valeur globale ».

*

Kris Jenner a vu juste, c'est en juillet 2016 que le magazine *Forbes* a écrit :

NOT BAD FOR A GIRL WITH NO TALENT

Et c'est la consécration pour Kim qui pèse déjà des millions de dollars, cette fortune qu'elle a accumulée, on parle de plusieurs centaines de millions de dollars et surtout de sa nouvelle maison de Hidden Hills au cœur d'une résidence sécurisée située sur une colline de Los Angeles, on parle de son mari Kanye, de sa mère Kris et de ses sœurs qui habitent à côté, et de ses enfants aussi, après ses deux filles North et Chicago et son premier fils Saint, du nombre incalculable de ses paires de chaussures, c'est ce que tout le monde dit, on raconte qu'elle a aménagé des sortes de dressings gigantesques et plusieurs salles de bains où elle aligne ses produits de beauté et de soins, des dizaines, peut-être des centaines de flacons, de tubes, de pots, les vernis à ongles, les pots de crème de Khroma Beauty et les flacons roses de parfum ou de Konditionner, tous les produits de la ligne qu'elle a créée.

Kim, mais par où commencer, comme si on ne parlait pas assez d'elle depuis plus de vingt ans, et on sait bien pourtant, on aurait tant de choses à raconter si on voulait, de quoi passer plusieurs vies à fouiller dans ces images, dans ces centaines de milliers, dans ces millions d'images de Kim qui se ressemblent toutes, on n'en finirait pas, et toutes ces histoires qui circulent à son propos, et puis toutes celles qu'elle raconte elle-même, de quoi écrire des centaines, des milliers de pages, c'est magique, ces petites histoires, ces rumeurs, un moment d'inattention et ça se remet à circuler, ça grossit, ça enfle, on n'arrive pas à les retenir, les histoires, c'est bien connu maintenant, il y a eu des études là-dessus, les histoires, ça crée de la valeur à flux tendu, comme le jour où Kim a raconté qu'elle a eu cette idée pour ses enfants, cette idée de faire chauffer des M&M's au micro-ondes, il paraît que ça ne prend que quelques secondes, et puis la célèbre pellicule de couleur bleue, jaune, verte, rouge se met à craquer et à se fendiller, et voilà, on peut faire couler le chocolat tiède et sucré sur sa langue, le sentir qui déborde au coin de ses lèvres, mon Dieu, c'est TELLEMENT débile de faire ça, comme beaucoup de ce qu'elle fait, quand on connaît le pourquoi de l'existence même des M&M's que Forrest Mars avait conçus pour que le chocolat justement ne fonde pas dans les poches des GI's américains qui tombaient par milliers pendant l'été

1944 lorsqu'ils libéraient l'Europe de la barbarie nazie, mais en quelques minutes à peine, dès que Kim a posté son histoire, tout le monde ou presque ADOOORE, et en quelques minutes, pour le monde entier, ça y est, Kim est la reine des M&M's.

Voilà sa vie, toute sa vie.

NOT BAD FOR A GIRL WITH NO TALENT qui, il y a quelques années, promenait ses yeux de glace sous les voûtes sinistres, dans les travées silencieuses de la cathédrale d'Etchmiadzine, son père Robert Kardashian venait de mourir, s'il avait vu ça, sa fille préférée, s'il l'avait vue emmener sa sœur Khloé et son mari Kanye visiter la terre d'Arménie, sur les traces des Kardashian, Kim promenant ses yeux éteints mais qui lui font toujours ce regard terrible, à la fois supérieur et compatissant, sur le célèbre Gherart, l'une des trois ou quatre reliques identifiées de la Sainte Lance, la même que, dit-on, le soldat romain Longin utilisa pour percer le flanc droit du Christ, la même à laquelle Hitler après d'autres prêtait un pouvoir surnaturel, et Kim contemplant la Lance de ce regard qui ressemblerait à celui d'une idiote, ce vestige sans plus de valeur, alors même que les reliques vécurent des siècles comme marchandises (Marx voyait la circulation monétaire comme ce grand alambic où tout se précipite pour sortir transformé en argent, « même les os des saints »), c'est-à-dire volées, échangées, vendues, achetées.

Et toi Kim, après ta mort, qui peut dire si on dispersera

à tous les vents tes montagnes de chaussures accumulées, si on négociera clandestinement des mèches de ta longue chevelure ?

*

Si bien que l'idée de valeur « intrinsèque » ou « fondamentale » paraît avoir perdu à jamais toute signification, si on se réfère aux enseignements de la finance, on n'y croit déjà plus quand sonne la cloche à la clôture des marchés et que, lors des paniques boursières et autres « bulles spéculatives », les analystes rassurent leur monde en disant que des méthodes de valorisation rigoureuses des actifs permettent de les faire atterrir au niveau de leur « valeur fondamentale » et de réduire à terme l'écart avec les prix observés à la clôture, chacun peut respirer, retour progressif à la normale, le risque de panique s'éloigne, on y pense et on oublie, comme dit la chanson.

Mais en réalité on sait bien que non seulement *toute idée de valeur fondamentale n'a aucun sens, ni aucune réalité*, mais que toute forme de préférence ou de croyance primaire semble avoir disparu ou ne semble jouer absolument aucun rôle dans sa détermination, la logique de la formation de la valeur procède essentiellement d'une logique mimétique sur le modèle du « concours de beauté » dont parle J. M. Keynes dans la *Théorie générale de la monnaie*: personne ne choisit jamais la fille qu'il croit être la plus belle du monde (une croyance primaire qui est aussi un reste d'illusion romantique), mais chacun essaie d'anticiper sur les croyances primaires des autres, mécanisme autoréférentiel autrement désigné comme « opinion de marché », tout est affaire de pulsions, et de flux vitaux, de valorisation par poussées et stases de désirs, de boucles de rétroaction libidinales où chacun se perd sans bruit.

*

Et toi, qu'est-ce que tu peux bien valoir à la fin ?

*

On l'a compris, ce n'est plus comme si le cycle développé du capital pouvait encore s'écrire de la façon classique dans sa formulation aboutie chez Marx : A (argent) — M (moyens de production) — P (production) — M' (marchandise fabriquée) — A' (argent), la différence entre A' et A constituant la fameuse plus-value tirée du travail, formulation achevée d'une théorie classique de la valeur qui, de Ricardo à Marx, fait de la quantité mesurable de travail (le temps de travail) la substance de la valeur, si bien que le capital comme rapport social soutient tout à la fois la description de la dynamique du capitalisme et celle du mouvement historique devant conduire dialectiquement à l'émancipation de la masse des travailleurs constituée en classe, jusqu'à l'avènement d'une société libre illustrée par les céramiques d'Albert Hahn Jr du Centre William-Rappard de Genève, toute une histoire recouverte de lambris vernissés avant de finir en élément de décoration.

*

Non, c'est le nouveau cours des choses où une quantité de valeur (parfois extravagante) peut se mettre à exister et à se reproduire à l'infini *sans une once de quantité de travail* (c'est-à-dire de « travail incorporé ») dans un monde où Kim ne fait rien d'autre qu'exister et où la « forme fantastique » des êtres et des choses en vient à retrouver son mystère de « caractère fétiche de la marchandise » que décrit Marx dans la section célèbre et mille fois commentée du Livre 1 du *Capital*: « La forme du bois, par exemple, est changée si l'on en fait une table. Néanmoins, la table reste bois, une chose ordinaire et qui tombe sous les sens. Mais dès qu'elle se présente comme marchandise, c'est une tout autre affaire. À la fois saisissable et insaisissable, il ne lui suffit pas de poser ses pieds sur le sol ; elle se dresse, pour ainsi dire, sur sa tête de bois en face des autres marchandises et se livre à des caprices plus bizarres que si elle se mettait à danser. »

Seulement voilà.

Kim ne danse pas.

Kim ne sait même pas danser.

Une belle fille comme elle, pourtant, ce ne serait pas si

difficile d'apprendre, *de travailler un peu* avec un coach et puis commencer une carrière, tourner des clips, monter sur scène en play-back, devenir une vraie star, une artiste, même pas besoin d'apprendre à chanter pour ça, mais non, même ça, danser, elle ne sait pas, on a beau chercher au milieu de ce qu'on raconte à son propos, il y a même cette histoire, ça se passe le 7 février 2011 sur une scène mythique, la scène du Madison Square Garden où se produit Prince, une humiliation pour Kim, elle a pris l'avion pour le voir, la voilà, tête baissée, les cheveux dans les yeux, le Kid l'a invitée à le rejoindre sur scène, elle est si heureuse, mais elle doit dégager au bout de quelques secondes à peine, le Kid la congédie brutalement, « Get off my stage ! », après qu'elle a essayé d'esquisser quelques pas de danse maladroits et sans grâce, figée dans sa robe de strass, et voilà Kim punie comme une petite fille qui doit redescendre dans la fosse, sur ses talons dorés, à jouer des coudes dans la foule hystérique, voilà le sort des enfants obstinés, comme dit la chanson, on distingue mal sur les images et l'histoire ne dit pas si elle est restée jusqu'à la fin du concert, si elle a pu étouffer ses sanglots au creux d'une épaule, si elle a pu trouver une sortie dérobée derrière les coulisses.

« Je vais mourir »

« Ma vie est foutue »

C'est ce qu'il lui est arrivé de dire, et avec ce qu'on devine de sa vie, on peut penser qu'elle était au comble du désespoir, il creusait son ventre, il brûlait les parois de son estomac, peut-être rongée de l'intérieur quand on voit son corps, incroyablement transformé, transfiguré, quand on y pense, quand on sait toute la place de ce corps dans sa vie, on se dit que ce ne serait pas si difficile pour elle de danser, hein, Kim, allez, essaie, ne pleure pas, tu es la plus belle, tu devrais essayer, ce n'est pas si difficile, arrête de pleurer et de te ronger les sangs, allez, montre-leur que tu peux, allez, Kim, montre-leur que tu es capable de quelque chose à la fin.

Mais non, voilà l'histoire : dans une vidéo on la voit apparaître, elle a comme surgi d'une coulisse, dans le studio de danse on ne voit qu'elle, comme chaque fois qu'elle paraît quelque part, la voilà qui éblouit de son sourire, de toute l'aura d'elle-même, tout l'espace autour d'elle, sa sœur Kourtney et deux autres danseurs l'attendent, ils l'encouragent, ils passent d'une jambe sur l'autre, il y a de la musique, ils sont déjà dans le rythme, ils ont un peu chauffé leurs muscles mais comme Kim ne répond pas, on entend la voix de Kourtney qui insiste, « Kim ! », qui insiste, « Kim, you should do it ! », les talons des bottines blanches de Kim qui résonnent sur le plancher clair, on ne voit qu'elle, ses lèvres, ses dents, son pantalon immaculé, elle recule dans l'espace du studio, on voit qu'elle cherche une pose, comme pour habiter son corps, pour ainsi dire elle ne sait jamais vraiment où se mettre, et voilà que les autres s'échauffent, ça y est, ils esquissent leurs premiers pas, ils dansent.

Et là, et là, elle fait face, alors que Kourtney insiste

encore, « Come on, Kim, come on ! », Kim fait face, on voit bien qu'elle essaie de garder son calme, mais comme elle est tendue, en souriant elle serre ses dents parfaites, on voit l'os des mâchoires saillir sous la peau, les prunelles figées dans le blanc des yeux, ses lèvres aux reflets bleu-gris, elles sont fermes, presque dures à force, des lèvres de glace lisses et rondes qui veulent leur cracher au visage à ces trois-là qui dansent en rythme devant elle, et là, venimeuse, intrépide, on entend sa voix qui tonne, elle rugit presque : « I am a notorious non dancer… I don't dance, *I make money move.* »

I make money move, comme tout est dit ou presque, et voilà qu'elle recule encore dans le studio, elle s'éloigne d'eux comme si elle avait peur, mais de quoi ? Son visage se ferme, pétrifiant son sourire, comme elle a appris à le faire, et elle va s'accroupir, le dos contre le mur, et on voudrait presque alors que des larmes jaillissent au fond de ses grands yeux, mais non, elle a figé la scène, ces trois-là, elle les a crucifiés rien qu'avec ces quatre mots, « I make money move », elle ne danse pas, mais elle fait danser l'argent qui va là où va le désir, depuis que Kim est devenue cette créature extravagante, depuis que sur cette image, le monde entier l'a vue, affalée dans un fauteuil, à la renverse, tournant la tête vers nous, souriant au monde entier, sa robe noire remontée sur ses hanches, et ses jambes cuivrées nues relevées, suspendues dans l'air, ses cuisses nues ouvertes, on voit Mario, l'un de ses maquilleurs attitrés qui approche une main délicate, un pinceau dans l'autre, et Kim, souriant au monde, qui lui offre à éclairer, à embellir, à faire rayonner sa vulve.

Kim, reine

Toujours reine, elle vient d'avoir quarante ans, quarante ans ! Et elle est là, elle est toujours là, presque vingt ans après qu'elle a connu le début de la gloire, elle est toujours là avec son air de madone, pas d'alcool, pas de drogue, pas de bagarres ni de séjours à la prison pour femmes de Lynwood, pas comme Paris Hilton, pas comme Lindsay Lohan, pas comme Nicole Richie et toutes les « bad girls », « gossip girls », « it girls » comme on les appelait à l'époque, elles ont fait long feu, les pauvres, contrairement à Kim qui règne toujours, c'est une rivière dont les courants l'emportent, où elle se laisse aller dans ces remous qui glissent sur elle, qu'elle ne ressent plus à force, comme un linceul, elle ne voit pas, et cette eau glacée qui coule dans sa bouche, qui noie ses seins, ses lèvres bleues, ses yeux éteints, elle ne voit pas, mais la rive est là toute proche, il ne faudrait pas grand-chose, elle devine les arbres qui plongent dans la rivière leurs énormes racines, ses yeux brouillés les aperçoivent, d'un geste elle pourrait mettre un terme à tout ça, Kim, en finir avec tout ce cinéma, mais non, elle se laisse aller, et elle a officiellement déposé le prénom de son petit dernier, Psalm, au registre des marques, comme elle l'a fait pour tous ses autres enfants, et sa mère Kris qui rêve peut-être d'une dynastie K comme celle des Kennedy, avec une descendance qui ne finirait jamais, les enfants c'est ce que tu as trouvé de mieux pour penser à l'avenir, tu n'oublies pas, le capital, c'est ta vie, mais toi, Kim, si on parle de toi, de ce que tu vas bien pouvoir faire, on se demande parfois ce que tu vas faire maintenant que ton mari Kanye ne veut plus que tu te montres au monde entier presque nue devant ton beau miroir de salle de bain, il faudrait que tu saches ce que tu désires, si ce mot a déjà eu un sens pour toi

Reine

Tellement reine qu'il est presque impossible d'établir quelques faits et chiffres à peu près sûrs à propos de la somme extravagante de ses tenues, comme cette robe en latex ornée de centaines de gouttes perlées dessinée pour elle par Thierry Mugler, elle lui faisait une peau comme si elle jaillissait des vagues, tout le monde se souvient, elle la portait à un gala du Metropolitan Museum of Art, le MET de New York, le 6 mai 2019, et elle a parlé à tout le monde de ce corset, « je n'ai jamais ressenti une telle douleur dans ma vie », les baleines de plastique lui transperçaient le flanc, elles lui écrasaient les côtes et le dos toute la soirée, elles l'empêchaient presque de respirer.

C'est sa vie

Toute sa vie, depuis que Kim est devenue une célébrité mondiale, créature adorée, sans cesse à s'agiter, à ne rien faire vraiment, pure force de vie qui s'étend, se dilate, où l'on voit se mettre à danser frénétiquement autour d'elle la « forme fantastique » des « têtes de bois », mesurant chaque jour qui passe l'étendue croissante et constante de sa valeur, comme ça, gonflant à partir du néant, sans que rien de solide, rien de concret (sans même parler d'un quelconque « talent ») ne la soutienne, comme si elle était de nulle part, comme si elle était venue de Krypton, Vénus brune et nue sortie d'un cocon de métal luminescent tombé au milieu d'un champ de seigle brûlé par les grandes chaleurs de l'été, apparue, presque née comme ça, reine du monde, puissante Écho dont la rumeur souveraine se répand partout.

*

Mais non, Kim ne vient pas de Krypton, c'est sa mère Kris qui l'a faite, la « momager », comme on l'appelle maintenant (où fusionnent pour la première fois les deux fonctions de « mom » et de « manager »), dans cette tribu de filles et de femmes, et quelles femmes, Kris a vu juste, quand on voit que le seul fils de la famille, Rob, qui a lancé une pauvre marque de chaussettes qui n'a jamais vraiment décollé, on n'en parle quasiment plus depuis qu'il est devenu obèse après sa dépression en 2012, totalement incapable d'une relation stable, ce pauvre Rob, alors ses petites amies, des mannequins ou des escorts, le trompent ouvertement, on a compris, un vrai boulet… Quant au père de Kim, Robert Kardashian, le pauvre, il est mort d'un cancer en 2003, il n'avait même pas fêté ses soixante ans, après avoir connu sa petite heure de gloire, lui qui vivait depuis des années dans l'ombre d'O. J. Simpson, il disait partout qu'il était l'ami d'O. J., alors quand la superstar du football a été poursuivie pour le meurtre de sa femme Nicole, il n'a pas ménagé ses efforts pour se faire une place sur la photo en rejoignant l'équipe des avocats d'O. J., on l'aperçoit, pathétique, sur les images du procès, tandis que son ex-femme Kris était déjà passée à autre chose en épousant Bruce Jenner, médaille d'or du décathlon aux jeux Olympiques de Montréal, le même qui deviendra une femme en 2015, sans doute qu'il fallait qu'il en passe par là, Bruce, c'était ça ou sombrer avec tous les hommes morts ou les garçons à la ramasse de la famille K où seules les femmes se mettent à exister.

Kris a vu juste aussi clairement que le jour où elle a opté pour son rouge à lèvres « nude », elle a vu que la diffusion de la sextape de Kim était leur chance à elles toutes, comme elle le confiera plus tard à une journaliste, « Nous étions toutes si excitées, surtout parce que nous allions travailler ensemble », le cœur secret de l'accumulation primitive, ce « big bang » des affaires, le moment où tout s'accélère, lorsque le capital mobilise la violence nécessaire pour se constituer en force productive, « suant le sang et la boue par tous les pores », Marx qui ne peut pas s'empêcher de clamer que l'accumulation primitive du capital joue dans l'économie le rôle du péché originel dans la théologie chrétienne et ce n'est sans doute pas un hasard si c'est dans ces mois-là, début 2007, pendant la Fashion Week de New York, semble-t-il, que la rumeur commence à enfler, on lit des entrefilets dans la presse people, on raconte qu'il y aurait une vidéo secrète, on en parle mais personne ne l'a vue, on attend, l'hiver est doux sur la côte Ouest, et tout le monde essaie de savoir si cette vidéo existe vraiment, et puis, d'un seul coup, à la fin du mois de février ou peut-être début mars 2007, il y a des fuites, quelques personnes bien choisies la reçoivent, et puis très vite l'information circule, la vidéo apparaît sur plusieurs sites et tout le monde peut la voir, tout le monde peut reconnaître Kim dans la pénombre d'une chambre d'hôtel, avec Ray, le monde entier peut voir Kim nue pénétrée qui essaie de jouir, ses yeux immenses et vides qui ne regardent jamais nulle part dans ce monde où elle ne fait déjà plus rien que vivre et exister.

C'est la sextape de Kim, elle porte son nom complet : *Kim Kardashian Superstar*, et elle a été tournée en 2003 (c'est-à-dire l'année où sort la sextape de Paris Hilton, *1 Night in Paris*), avec Ray J, un petit chanteur et comédien de l'époque que tout le monde a oublié aujourd'hui, et pendant des mois, on pense que c'est Ray qui a fait circuler la vidéo, ou bien on soupçonne Kim d'avoir voulu suivre l'exemple de Paris, ou alors que Kim et Ray ont décidé ensemble de la tourner pour la diffuser, depuis le début ce n'est pas très clair, la chronologie paraît assez ténébreuse aussi, mais peu importe, les mois passent et on commence à apprendre certaines choses, on parle notamment de plusieurs millions de dollars, d'une transaction avec Vivid Videos, une société de production de films pornographiques spécialisée dans la diffusion de sextapes de célébrités, une transaction qui l'autorise à diffuser massivement la vidéo dans ce pays où à propos de tout ou presque on arrive à un accord si on a un bon avocat, et puis, alors que, grâce à la vidéo, Kim devient une célébrité qui éclipse son amie Paris, on apprend que c'est la mère de Kim qui était derrière cette histoire, c'est Kris qui aurait fait sortir la vidéo, c'est son nom « Kris Jenner » qui se trouverait en bas du contrat qui autorise Vivid Videos à diffuser la sextape de sa fille dans le monde entier, surtout quand on a su que Kris avait signé par ailleurs au même moment avec la chaîne de télévision E! Entertainment le démarrage de la première saison de « Keeping up with the Kardashians » (KUWTK), l'émission de téléréalité qui allait assurer l'avenir de toute la famille, et alors on se demande si Kim a compris quoi que ce soit à ce qui se passait, on se demande si Kris a visionné la sextape de sa fille Kim, si Kim était avec Kris dans le bureau de l'avocat quand elle a signé le contrat avec Vivid ou si elle a patienté dans la salle d'attente comme une petite fille, si Kim a pleuré, si Kim a crié, si Kim a bredouillé quelques mots, et à propos de quoi, si Kris a répondu quelque chose à Kim, si Kim a bien écouté les paroles de Kris, Kris, ses yeux de cuivre brillant dans les yeux de Kim, maintenant elles sont peut-être devant la voiture, Kim garde la tête baissée et ses lunettes noires, elles viennent de quitter les bureaux de l'avocat sur Century Park et Kris sourit, on entend presque sa voix forte et ferme qui résonne dans le parking souterrain

Va, ne pleure pas
ma fille
tout ira bien
tu vas voir
sèche tes larmes
et fais-moi confiance, idiote
tout ira bien pour nous
nous serons toujours
ensemble
toutes
et le monde n'aura d'yeux que pour toi
va, ma fille
n'oublie pas
n'oublie jamais
si tu fais ce que je dis
tu deviendras fabuleuse
tu n'imagines pas
comme ton nom sera grand
écoute-moi
écoute ta mère
oublie la honte
de ton père
il est mort
il est enterré
il n'en saura jamais rien
oublie

la gloire ancienne
et quitte
la maison de ton père
celle du fer et du sang
de la sueur et des coups
oublie la gloire
des hommes épuisés
et leurs vieux commandements
(frappe, tue, meurs)
n'y pense plus
pense à ta fortune
ta vie
le monde entier
t'adorera
t'adulera
tu leur donneras
des milliers d'images
des milliers
de milliers d'images
tu leur donneras ta vie
tous les jours
que le monde fait
il te regardera
montre-toi entière
déshabillée
abandonne-toi
oublie-toi et tu verras
tous et toutes

ils te suivront
ils seront légion
au-delà de toutes les mers
et nous serons saintes
nous serons monstres
notre corps nu
de femelles dépossédées
Khloé, Kylie
Kourtney, Kendall
moi, Kris
toutes
nous combattrons
ensemble
en femmes
glorieuses
et riches
et toi
Kim
tu seras Reine, Reine
Reine

*

Et toi ?

Et toi, quand arrêteras-tu enfin de trembler ?

Bientôt ce sera terminé, allez, tu sortiras de ton trou, tu respireras normalement, tes doigts ne trembleront plus, tu marcheras dans les rues, tu iras quelque part, le sol ferme sous tes pieds, soulagé, tu n'entendras plus le chant atroce des moineaux là-haut dans les arbres, sans t'arrêter, levant les yeux vers un avion qui s'éloigne lentement à travers le ciel sans nuages, tu pourras ressentir à nouveau le cours du monde coulant dans tes veines, il gonflera ton cœur valeureux, c'est la vie qui reprendra, de quoi pourrais-tu avoir peur désormais ?

Tu retourneras à tes affaires, regarde, tu es presque prêt, assez perdu de temps, tu n'auras plus envie de fuir, les souvenirs de tes crises s'effaceront, tu te croiras si fort, presque invulnérable, allégé, tu ne sentiras même plus le poids des années, voilà, combatif, enfiévré, tu vas tenir bon, tu adhéreras, tu arbitreras, tu décideras, tu avanceras si vite au rythme de ce monde, il t'habitera, il t'enveloppera complètement, comme l'air que tu respires, vivifiant, c'est comme ça, il te forcera à exister enfin.

Ce que tu vas faire, tu as quelques économies, tu as un ou deux projets qui te tiennent à cœur, voilà, si tu t'y prends bien, à l'avenir, c'est ainsi que tu sentiras battre chaque seconde de ta vie.

*

C'est mon esprit toujours qui divague, avec mes souvenirs qui ne tiennent pas, comme des flocons que vient effacer le bitume tiède.

*

« Plus bas, encore plus bas, toujours plus bas. Est-ce que cette chute ne finira jamais ? » gémit Alice alors qu'elle tombe comme moi sans fin au fond du terrier.

*

Je ne rêve jamais dans ces moments-là, je suis là à dormir d'un sommeil lourd, épais, sans mémoire, assommé par les médicaments, et chaque seconde qui passe de ma vie éveillée, tout ce qui fait la réalité dans ces moments-là m'apparaît comme un cauchemar où je m'égare sans fin, comme si rien ne parvenait à prendre un peu de consistance, alors qu'il suffirait peut-être de m'accrocher à une petite chose, de fixer mon esprit épuisé, comme sentir au bout de mes doigts cette feuille de papier repliée plusieurs fois au fond de la poche de mon pantalon, une simple liste de courses, voilà que je la frotte longtemps jusqu'à la ramollir, jusqu'à éprouver comme la douceur d'un bout de tissu dans le creux de ma paume, et puis une sorte de rêverie se poursuivrait, déroulant une route droite sur la plaine où ça n'avance pas vite, le soleil tout autour éclabousse les carrosseries, je conduis, je suis seul dans la voiture, je siffle au volant, il y a de la circulation, la tôle brûle, l'horizon tremble de chaleur, sur cette route droite interminable j'enfile une série monotone de ronds-points, il faut traverser presque toute la zone pour atteindre enfin le parking du centre commercial, je tourne un peu pour trouver une place, j'aperçois les immenses jardinières qui masquent l'entrée du magasin, l'hypermarché domine toutes les autres constructions alentour avec son gigantesque portail de néons rouges et verts et sa façade bardée de traverses de bois clair qui la fait ressembler à l'entrée d'un immense chalet de montagne.

À l'intérieur, la climatisation me glace immédiatement les os, je connais le chemin, je suis peut-être déjà venu plusieurs fois, des vieux qui passent l'après-midi à bavarder, assis sur les bancs près des portes vitrées, il y a des palmiers en plastique, un petit cheval de manège rouge pour les enfants, un café avec des guéridons bleu turquoise, je laisse sur la droite les premiers magasins de vêtements et l'opticien, le salon de coiffure, la lumière du jour a disparu, les grandes dalles de carrelage roses sont encore humides, une laveuse ronronne, elle s'éloigne vers le fond de la galerie en laissant une trace brillante dans son sillage, tandis que je longe la ligne de caisses de l'hyper, c'est calme, ça me fait du bien, la musique me détend, comme le rythme presque régulier des bips chaque fois qu'une douchette passe sur un code-barres.

Le monde est tranquille, tout marche comme il veut.

L'éclairage me pique un peu les yeux, une jeune femme de la sécurité est postée à l'entrée, Sarah, j'ai lu son prénom sur le badge épinglé à son uniforme bleu nuit, je lui souris, avant de faire quelques pas au milieu des premiers stands de fruits et légumes.

Et puis il se déroule un laps de temps où rien ne se

passe, c'est étrange, il y a comme un blanc, une interruption, j'ai dû déambuler un moment sans encombre dans les rayons, comme s'il n'y avait rien à en dire, jusqu'à ce que je voie passer devant moi un homme corpulent, chauve, une casquette à la main, il pousse un caddie vide devant lui, une gamine de trois, quatre ans accroupie dedans, son visage fermé comme ceux des enfants souvent, puis ils me dévisagent tous les deux, un bref instant avant de disparaître derrière une pile de conserves de compotes, là, je me rends compte que mon caddie contient des œufs, une boîte de douze œufs, je me souviens de tout comme si je les avais encore sous les yeux, des céréales, deux paquets de grande taille, un rouleau de gros scotch et un grand tournevis, une petite pelle de jardin, des tiges de fer, deux ou trois lampes électriques, des piles en nombre, trois barquettes de jambon sous plastique aussi, de marque inconnue, un premier prix, enfin une poudre Ice Me Out Kylighter, posée sur le siège en plastique repliable de mon caddie, là où on met les enfants, j'ai l'esprit libre pour tourner encore un peu dans les rayons, même si quelque chose me dit, une impression, un vague pressentiment, je ne sais pas, que je devrais aller payer et rejoindre tout de suite ma voiture.

C'est alors que la musique s'interrompt et qu'une voix masculine annonce la fermeture du magasin d'ici à quinze minutes, l'endroit est immense, je n'arrive pas trop à me repérer, je m'arrête au milieu d'un rayon, celui des condiments et des sauces tomate, une muraille de vert et de rouge, mes mains sont glacées à cause de la climatisation, je les frotte contre mes cuisses, je souffle dessus, je me remets à siffloter en poussant mon caddie d'une main, je me demande seulement ce que je fais encore là, pourquoi je ne suis pas déjà reparti, je sens dans ma poche la liste de courses, le bout de papier plié en quatre que je frotte, que je frotte, je me sens bien, même si je suis secoué par une série d'éternuements ridicules au point que je me décide au rayon vêtements, j'enfile directement une parka bleue un peu trop large avec l'étiquette qui pend dans mon cou, je m'éloigne, reviens vers les produits d'alimentation, continue à tourner, repasse dans le rayon riz et pâtes où un vendeur replace les produits en façade, vérifie chaque référence sur son écran.

Et puis, à l'instant où je m'apprête à rejoindre l'allée centrale, il y a ce cri, perçant, terrifiant, qui me glace le sang, un cri atroce, presque inhumain, qui semble venir de l'autre côté.

Il faut quelques secondes pour que je revienne à moi, et je me précipite, je ne suis pas le seul, d'autres clients ont accouru, ils se sont massés à l'entrée du rayon, stupéfaits.

Et là : face à un mur de céréales, une femme blonde sans doute assez jeune, de là où je me trouve je ne vois pas son visage, les cheveux tirés en arrière en chignon, son tee-shirt remonte, dévoilant le bas de son dos nu, dans un jean clair sans ceinture, et en me rapprochant un peu plus, j'aperçois l'enfant.

Ce doit être son fils, vu sa taille il doit avoir dans les cinq, six ans, allongé à plat ventre, ses avant-bras qui disparaissent dans l'étagère du rayon, comme cherchant avec rage quelque chose, une balle, qui aurait roulé au fond derrière les paquets, rien ne peut laisser penser, avec ce qui est arrivé ensuite, dans ce moment-là, je ne peux pas imaginer.

La tête puis les épaules du garçon ont disparu à l'intérieur du rayonnage, avalées, on l'entend gémir, le reste de son corps est comme possédé, secoué de spasmes effrayants, tout autour derrière lui le carrelage est jonché de céréales qui ont jailli des paquets éventrés par le gosse, il y en a partout, de toutes sortes, réduites en miettes, elles forment des espèces de nuages brunâtres et dorés sur le dallage blanc, avec des figurines colorées en plastique, une petite voiture, un camion de pompiers qui se met à rouler, et le garçon qui continue de jeter derrière lui des poignées de céréales qui glissent entre les jambes de l'assistance, ses genoux et ses petits pieds, ses baskets qui rebondissent, frappent le sol avec une violence inouïe.

Avec les autres clients, j'assiste terrifié à la scène, si violente que personne ne dit rien, aucun de ces murmures de réprobation qu'on entendrait en voyant la mère comme ça qui ne dit rien non plus, qui ne réagit pas, sidérée, quand un jeune employé du magasin arrive avec sa casquette et son gilet sans manches, il a surgi dans leur dos en s'excusant, avec un badge épinglé sur sa chemise rouge vif, le gosse ne se calme pas, on l'entend qui gémit de plus en plus fort, qui pleure, qui renifle, ses ongles qui frappent, griffent le métal, son corps a maintenant disparu jusqu'à la taille dans les profondeurs du rayon et il frappe et hurle et hurle, la scène est insupportable, et puis sans un mot, l'employé s'accroupit et avance ses mains.

« Ne lui faites pas de mal ! S'il vous plaît, ne lui faites pas… », supplie la mère derrière lui, se mordant un doigt, le début d'un tatouage sur sa nuque, ses mèches de cheveux dorés qui tombent de son chignon défait sur ses tempes.

La scène est grotesque, elle ne dure que quelques secondes, après deux ou trois tentatives ratées pour saisir une cheville de l'enfant, le vendeur ne voit rien venir, un violent coup de pied le projette en arrière et il s'affale sur le sol en portant la main à son nez, du sang se met à couler entre ses doigts tremblants, deux clients l'aident à se relever pendant que redoublent les cris et les sanglots étouffés du garçon et ses coups de poing qui résonnent à l'intérieur des étagères de métal.

Je décide alors de m'éloigner et de retrouver mon caddie, les rayons se sont vidés, j'ai l'impression d'être tout seul maintenant, on doit vraiment approcher de la fermeture, j'apprécie ce moment de calme, c'est terminé, je n'entends plus les cris du gamin, enfin.

Devant moi l'alignement parfait des paquets de lessive et des flacons d'adoucissant, le caddie est de plus en plus lourd, j'ai chargé des packs d'eau minérale et des tubes de lait concentré, des sachets de fruits secs, des barres de céréales, comme si je préparais une randonnée, il n'y a personne à la poissonnerie, c'est si tranquille, je n'entends que la musique diffusée là-haut par des haut-parleurs invisibles.

Et c'est à ce moment-là, alors que je me trouve à l'opposé des caisses et de la sortie, dans le fond du magasin, je suis seul dans le rayon des vins et des alcools, je m'apprête à tourner une nouvelle fois dans celui des condiments, et là, quelque chose se produit à nouveau, *ça craque quelque part*, le sol vibre brutalement, comme quelque chose de lourd qui serait tombé de très haut, du plafond, jusqu'à fracturer le carrelage, mais non, ça semble venir par le sol, je ne vois rien, le poissonnier au fond du magasin lève la tête de son étal, le couteau en l'air, et nos regards se croisent une seconde, au-dessus de moi des bouteilles de jus de fruits trinquent les unes contre les autres, je m'accroupis, paralysé, une main par terre, l'autre plaquée sur mon crâne, si jamais.

Il y a des cris au loin, qu'est-ce que…

Mais qu'est-ce que c'est ?

On dirait que la terre tremble, je ne sais pas, toujours accroupi je me protège avec le caddie, je le tourne pour le mettre dans la direction des caisses, prêt à bondir, c'est étrangement calme, on entend à nouveau la musique d'ambiance, le poissonnier tire sur son cou pour apercevoir quelque chose ou quelqu'un, moi, je ne vois pas, je ne vois rien, et puis d'un seul coup des cris, des pas précipités, les rayons me bouchent la vue, des voix qui appellent, au moment où je me relève, et là, alors que je m'apprête à traverser l'allée en courant, que je vais prendre mon élan, pousser le plus fort possible mon caddie dans le rayon, ça recommence, plus fort, le sol craque violemment, une fois, deux fois, de plus en plus fort, et là je vois, terrifié, je n'en crois pas mes yeux, le carrelage se fendiller, s'ouvrir devant moi, à dix mètres devant, ça vient de sous les étagères, un bruit effroyable, le sol qui se brise en étoile, les paquets et les pots commencent à basculer et à exploser par terre, des liquides gluants, mélanges de petits pois, de sauce tomate et de moutarde, je m'accroupis, je me blottis contre une étagère, mes pieds flottent dans une boue colorée et nauséabonde, tremblant, je m'attends à de nouvelles secousses.

« Couchez-vous ! Couchez-vous ! » je hurle.

Mais il n'y a personne, autour de moi tout le monde a disparu, je ne peux pas rester là, je me dis, c'est trop dangereux, je tourne la tête et je ne vois plus le type de la poissonnerie, il a dû disparaître par la porte de derrière, je me dis que je dois fuir par là aussi, non, je ne peux pas rester ici.

Le sol craque pour la troisième fois, horrifié, les étagères de métal se soulèvent, grincent, se tordent effroyablement et une nouvelle fissure qui s'ouvre, qui se dirige droit vers moi, je n'hésite pas, rassemblant toutes mes forces, je me lance, je pousse sur mes cuisses et je commence à ramper dans le rayon le plus vite possible vers la poissonnerie, je glisse, je dérape, je m'effondre plusieurs fois dans des flaques gluantes, du vinaigre me coule sur le visage et dans le nez, je retiens un cri, des bouts de verre tranchants me rentrent dans les coudes et les genoux jusqu'à l'os, derrière moi comme des détonations, je crois alors que mes tympans crèvent, je n'entends plus rien, il faut que j'avance encore, lorsque je relève la tête, je vois la poissonnerie au bout, je ne suis qu'à la moitié du chemin, ça ne sert à rien d'appeler à l'aide, je me mords la lèvre jusqu'au sang, décidé à oublier la douleur, le sol tremble continûment, de l'eau se met à tomber partout autour de moi, comme de la pluie, sans doute une canalisation crevée en sous-sol qui fait jaillir de l'eau brûlante, puis le souffle chaud d'une explosion, l'air se met à sentir, sans doute une conduite de gaz qui s'est enflammée, je crois que mon cœur va exploser dans ma poitrine, je m'aplatis dans le flot de débris et de liquides poisseux pour protéger mes yeux, je me dis alors que je n'y arriverai jamais, que tout va s'enflammer, je vais crever ici, brûlé vif à la prochaine déflagration, une torche vivante…

Alors j'oublie tout, je me lève d'un bond et je commence à courir, je ne sais pas comment je réussis à tenir debout et à franchir les vingt ou trente mètres jusqu'au bout du rayon, peut-être en me tenant aux étagères, je sens encore leurs vibrations sous mes doigts, titubant, au bord de m'effondrer à nouveau, je me jette dans un dernier effort sur le carrelage, roulant sur moi-même, je sens l'os de mon genou qui craque sous le choc, la douleur irradie dans toute ma cuisse, je hurle, il faut que je rampe jusqu'à l'étal en acier du poissonnier, j'ai aperçu la pente d'évacuation des eaux qui se trouvait dessous, comme une gouttière qui me protégerait, avec la douleur, tremblant, à bout de souffle, je ne sais pas comment je parviens à m'y laisser tomber, rabattant ma capuche sur mes yeux, le nez baignant dans les entrailles de poissons, je sens que le feu continue, j'entends les étagères qui craquent, s'effondrent, des fracas de métal et de verre brisé, des cris au loin, il doit y avoir des morts, des blessés, je ne sais pas, combien de temps je reste là, allongé dans cette gouttière puante à essayer de reprendre mes esprits, d'oublier la douleur qui prend mes jambes jusqu'au bassin, la nausée, les tremblements qui parcourent tout mon corps.

Combien de temps je reste là, je lève la tête, et lorsque je la tourne lentement vers la gauche, je me rends compte que de là où je me trouve, avec une vue dégagée, pour la première fois je vois, j'étouffe un cri, je retiens mes larmes, c'est un vrai paysage d'apocalypse, certains rayonnages se sont abattus, entraînant tous les autres comme des dominos, des flammes bleues jaillissent de tout le magasin que ne parviennent pas à éteindre des geysers d'eau venus du sous-sol, et puis surtout, je vois ce qui ressemble à de monstrueuses racines noires qui soulèvent les rayonnages en plusieurs endroits, elles semblent avoir crevé le carrelage qui n'a pas résisté sous la pression de ces souches énormes et noueuses, je crois les voir gonfler encore devant mes yeux, luisantes comme la peau de gigantesques reptiles, des monstres dévorants, poussant encore de dessous, brisant les chapes de béton, avec horreur j'aperçois les radicules noires qui frémissent, qui fissurent le sol, se fraient un chemin en grossissant à vue d'œil, mon sang se glace quand j'entrevois plus loin une jambe et un bras humains tordus, fracturés jusqu'à l'os, comme dévorés par ces monstruosités, je crois même reconnaître le bas d'un jean et les baskets de la mère de l'enfant plantés presque à l'horizontale dans cet amas gluant et palpitant de racines où je devine des zébrures sanglantes, des restes de lambeaux de chair, je savais que je ne pouvais pas rester là, l'eau et la sueur m'aveuglent, je cherche une issue autour de moi.

Je roule sous l'établi et rampe jusqu'à la porte de derrière, par laquelle le poissonnier a dû s'enfuir : verrouillée.

Je ne peux plus m'échapper.

À partir de là, je ne me rappelle qu'une longue et douloureuse avancée.

Boitant le long du mur pour faire le tour du bâtiment, les yeux rivés sur ces tentacules monstrueux qui continuaient à grossir, à grandir jusqu'à gagner le centre du magasin où le sol éventré n'était plus qu'un amoncellement de débris de toutes sortes, de verre, de plastique, de métal, de béton mêlés à une boue indescriptible de matières organiques au milieu de grincements atroces qui déchiraient mes oreilles.

Le sol avait été soulevé de plusieurs mètres à certains endroits.

Les racines énormes avaient saisi les montants des étagères de métal, elles avaient enserré si fort les rayonnages que je les voyais s'élever vers le plafond comme poussées vers le haut par une force à laquelle rien ne résistait.

J'essayais de ne pas regarder les corps déchirés, brisés qui jonchaient le sol.

Celui de la vigile, Sarah, j'ai reconnu son uniforme bleu et son gros ceinturon de cuir, le brassard orange autour de son bras fracturé à la hauteur du coude, les os, le sang, toute la chair à vif…

Et son visage, mon Dieu.

Sous mes pieds je sentais le sol mou et visqueux.

Tirant sur ma jambe, un pas après l'autre, j'ai fini par apercevoir les caisses, la lumière du jour.

Et je ne sais comment, hagard, épuisé, dans un effort ultime, je me suis mis à courir.

Hurlant de douleur, parcourant les derniers mètres à travers le hall du centre commercial, je me suis lancé de toutes mes forces contre les portes vitrées et je me suis précipité dehors.

Et maintenant, qu'est-ce que tu vas faire ?
Qu'est-ce que tu vas faire en attendant de mourir ?

Rien ne changera, ou si peu, j'écouterai le ruissellement de la pluie qui vient frapper les lauriers noirs dès l'apparition de l'aube, brisant ce silence envahissant toutes les heures qui passent, maintenant que les grillons sont partis ou qu'ils sont morts avec l'été, en quelques heures, lorsque ont menacé les premiers orages.

En m'approchant des propriétés, marchant en silence sur l'herbe brûlée de chaleur, je sentirai la cendre encore tiède des barbecues, comme le bois des volets clos, verrouillés de l'intérieur, le frigo vide et éteint entrebâillé, tout ce qui restait au fond, beurre entamé, tomates, yaourts vite balancés à la poubelle, des draps lancés sur les fauteuils et les canapés, les bâches tendues sur l'eau des piscines, elles ont enfermé pour des mois les éclaboussures et englouti les cris d'enfants.

L'été se terminera et les résidents auront fait leurs valises et fermé leur maison, le claquement des portières avant l'aurore, les murmures du gravier, leurs longues berlines noires ou grises, chargées de gosses endormis, qui descendront la colline au ralenti, le raclement du portail automatique qui roulera sur son rail en se refermant derrière eux.

Et puis le silence.

Moi, je serai là, en bougeant le moins possible, le temps filant délicieusement, cette pluie froide de la fin d'été qui martèle tout, attendre, attendre longtemps que cesse enfin cette transe folle, effrayante, qui a gagné en une minute tout le paysage de la colline.

L'air vibrera autour de moi, le vent doux, impavide, qui monte l'après-midi de la mer, il transporte les nuages au-dessus de moi, ses longues rafales qui viennent coucher doucement sur le côté les herbes hautes.

Et cette nuit, personne n'entendra les bêtes, elles resteront cachées, roulées en boule dans leur trou, tassées au fond de la terre, à l'abri.

J'écouterai le vent qui siffle continûment, là où je me trouve, sombre comme la nuit, les couleurs disparues, mes yeux grands ouverts sans voir la lune blanche et pleine, seulement les nuages déchirés, s'étirant, disloqués à force par le vent.

Voilà d'un coup l'automne qui arrive, il aura suffi de quelques nuits à peine, les étoiles disparaissant sous de longues traînées grises sans relief, et pour finir, chaque matin à l'aube, il descendra sur moi un ciel de craie.

Je connaîtrai bien cette odeur écœurante, celle de terre et de moisissure, d'écorce détrempée, frissonnant et, du bout de ma chaussure, j'accrocherai le duvet roulé au fond, je le remonterai difficilement, étape par étape jusqu'à ma taille, le tirant dans un dernier geste sur mes épaules.

Comme chaque matin, je chasserai peu à peu les souvenirs de mon rêve, mon grand rêve, rêve à l'intérieur d'un rêve à l'intérieur d'un rêve, d'abord, cette pluie folle, glacée, qui s'est arrêtée sur les premières hauteurs à la limite des bois, puis, au loin le début des montagnes, la neige grise arrivée pendant la nuit qui fume sous le soleil terne, trop fine pour éteindre toutes les couleurs de la plaine qui garde encore le souvenir des attaques et des contre-attaques brutales de cavalerie sous le vent gelé qui rend sourd à force, et maintenant devant la plaine noyée de brouillard où l'on entend les gémissements d'une bête couchée sur le flanc, une respiration lourde qui fait battre mes côtes, l'écume qui jaillit jusque dans les naseaux fumants et puis les râles de ceux qui agonisent en bas sur la terre sanglante martelée, retournée par les ultimes percées traversant les dernières lignes, les corps immobiles allongés dans la boue, dans les empreintes enchevêtrées de sabots, des sabres ou des épées brisés, des traînées de sang noir qui ont déjà séché à l'intérieur des plaies, torses et crânes fendus mêlés à la boue sale qui s'est couverte de rosée, dans un grand bourdonnement d'insectes, et enfin, on dirait, qui ralentit, l'écho d'un crissement qui déchire, qui couvre tout, on devine au loin une ligne de feux pâles qui glisse, qui ralentit tout en bas dans la plaine, les lumières du premier train du jour arrivant de la ville.

Là où je me trouverai, dans l'arbre, à l'intérieur du tronc de l'arbre, il ne m'arrivera rien, normalement personne ne viendra avant un bon moment, à part Lucia.

Et puis le silence à peine rompu par les lointains coups de masse, les chantiers qui ont repris après la pause de l'été, une frappe sourde, régulière, des séries de un, deux, trois, non, quatre coups et, au bout d'un moment la cloison qui crève, libérant un son étouffé, qui s'effondre dans une pluie de gravats, une poussière de plâtre qui blanchit tout, les mains et les visages, qui fuit par les fenêtres ouvertes de la maison, qui se dépose sur les parterres de fleurs, sur les massifs de genêts et de lavande.

Je me soulèverai sur un coude, étirant ma jambe, pas question de mettre le nez dehors, malgré mon corps abîmé à cause du temps passé ici, les organes à l'intérieur, une douleur à la hanche et dans les reins, le sifflement de ma respiration, la poitrine oppressée, et ces foutus élancements dans le genou à force de le garder plié.

Mon téléphone mort depuis plusieurs mois, sans doute à cause de l'humidité, les circuits rongés avec ce vent de la mer, il faudrait que je trouve peut-être une radio, écouter un match, je ne sais pas pourquoi mais ça me plairait d'entendre de nouveau la foule derrière, me noyer en elle, l'oreille collée à la membrane.

N'essayez pas, vous ne pourrez pas me voir, vous ne me verrez plus, laissez-moi caché sous l'écorce, à demi enterré sous la terre, respirer, respirer, respirer enfin.

Je serai seul avec mon rêve maintenant, mon grand rêve, comme défait, oublié, non, je ne ferai plus d'histoires, mes gencives saignent, j'ai le goût du sang sur ma langue, peu importe ma mémoire enfuie comme un vol d'étourneaux.

Le souvenir seulement d'odeurs familières de poubelles, avant de gagner la colline, j'aurai peut-être vécu quelque temps à côté d'une décharge, ou à proximité de conteneurs où je pourrai trouver facilement à me nourrir, à l'arrière d'un supermarché ou d'un restaurant dans une zone commerciale déserte la nuit, sans pouvoir dire comment je l'aurai trouvée, cette grande colline boisée, en m'y déplaçant sans difficulté à travers la pénombre dans la nuit sans lune, trouvant les circuits et les passages entre les villas à cause des caméras de surveillance, je les aurai vite repérées sur la colline, la nuit je respirerai le trèfle et l'odeur merveilleuse de lavande coupée, embusqué derrière les buissons ou les massifs de fleurs, un gros tournevis à la ceinture trouvé dans un tiroir dont je ne me séparerai jamais pour fracturer certaines serrures, parfois à l'aide d'une grosse pierre, attention aux alarmes, certaines villas resteront inaccessibles, mais il restera les cabanes, les appentis, les pool houses, deux ou trois hangars laissés parfois ouverts, ou avec un simple cadenas, parfois je trouverai l'accès à un cellier ou à une cuisine en passant par le garage, des conserves, des bonbons, du chocolat que je dévorerai comme un chien.

J'ai vu que la colline est fermée par une enceinte

grillagée, les horaires des rondes, en attendant que la voiture s'éloigne et passe sur l'autre versant, deux gardes qui se relaient la nuit pendant que l'autre reste au poste à l'entrée, la colline, des villas de luxe protégées des regards, une route de gravier qui serpente gentiment à travers les pins et les massifs de genêts.

Rien ne changera alors, je serai là, à l'intérieur de mon arbre, là où passent les jours et les nuits et les jours et les nuits et les jours, je ne bougerai pas de la journée.

Je survivrai sans bord dans de sombres périodes de temps.

Oubliez-moi, oubliez-moi.

Maintenant je profiterai de la pluie pour gratter, pour creuser à nouveau, avec l'hiver, ce sera impossible, on n'imagine pas, la terre sous moi gelée comme de la pierre, dans quelques jours je pourrai commencer à me tenir debout à l'intérieur de l'arbre, ça changera tout, à cause de mon genou qui me fait tellement souffrir.

Dès que j'ouvrirai les yeux, il sera là, le ciel au-dessus de moi, rond comme la lune, il me crèvera les paupières tous les matins, quand ce n'est pas la pluie qui me piquera le front, mais pour me protéger, j'aurai trouvé une planche de bois maintenue à l'horizontale pendant toute la durée des averses, et un plastique attaché par six punaises avec une tige au milieu pour créer des pentes, comme un petit chapiteau qui évacuera l'eau vers la surface interne du tronc, la pluie, quand elle arrive, j'aurai beau faire à éponger avec les pages d'un vieux *National*

Geographic trouvé dans des toilettes de jardin, suintant à travers la mousse le long de l'écorce et trempant la terre en bas, mon pantalon mouillé aux genoux.

À l'intérieur de l'arbre, je ne verrai pas la mer, je la sentirai seulement dans le vent, même quand je me retourne, de sorte que j'ai la Villa dans le dos, on ne voit rien qu'une haie, des lauriers peut-être, je ne connais rien aux arbres, rien qu'un mur de petites feuilles qui luisent au matin, ce sont les premiers rayons qui les traversent, rasant la pente de la colline qui monte à la Villa, ils trouent la masse de feuilles, grises et denses, ils réussissent à m'aveugler.

C'est le jour de Lucia qui approchera, et moi, creusant des petites fentes dans l'écorce, gardant à peu près la mémoire des jours et des nuits, je saurai qu'elle arrive en fin de matinée, avec la lumière déjà forte, quand le soleil a radouci l'air, je ne sortirai pas pendant trois jours par prudence, il ne faudrait surtout pas qu'elle me surprenne, je pourrais lui faire peur, dans ma parka sale, hirsute comme je suis, elle pourrait alerter le poste de garde.

C'est bientôt l'heure de Lucia, elle approche, le cliquetis de son gros trousseau qui tape contre sa hanche, je l'entendrai du fond de mon arbre, on dirait qu'elle boite, j'entendrai son pas hésitant, je l'imaginerai, avec son gros sac plastique à la main, dans la montée sur le chemin qui serpente sur la colline jusqu'à la Villa, le matin deux heures avant, elle aura pris le bus qui passe en ville, celui qui passe vers 8 heures, et elle sera montée à pied une bonne demi-heure depuis la supérette où elle aura pris ce qui manque, éponges, produit pour les vitres, dégraissant, l'argent arrive pour Lucia, huit billets de cent dans une enveloppe chaque mois, elle doit faire le ménage d'autres villas et résidences secondaires fermées pour la saison, je l'entendrai parler à sa mère au téléphone pendant ses pauses, elle parlera fort et j'entendrai tout.

La Villa semble abandonnée depuis des mois, voire des années, avec ce lierre qui envahit les façades, mais quelqu'un continue de payer, peut-être qu'elle sera vendue un jour.

Une nuit j'ai eu très peur, j'ai entendu des ombres venir, je les ai vues rôder autour de la Villa en murmurant, des coups violents, un bruit d'éclats de verre, et la baie vitrée s'est brisée sur la terrasse, j'ai cru à un cambriolage jusqu'au moment où je les ai vus allumer des bougies sur la table basse du salon, ils ont mis de la musique, et j'ai vu deux filles, elles avaient l'air très jeunes, se mettre à danser tandis que les autres restaient affalés dans les canapés à fumer et à rire, je les ai regardés toute la nuit puis je me suis endormi, et le matin, ils étaient partis, et personne n'est jamais venu remplacer la vitre.

Je sentirai l'hiver qui vient, qui va entrer en moi, pénétrer l'écorce et ma peau, je le verrai dans l'air qui engourdit mes mains, je devrai tenir mes doigts fermés contre mes lèvres, mes gerçures douloureuses, les moucherons évaporés, la colonne de fourmis qui occupait tant mon regard des journées entières, disparues de la crête de l'arbre, il n'en restera qu'une dizaine éparpillées, courant en tous sens, complètement perdues.

L'arbre est tout à fait creux, il est facile d'y entrer par le haut, par une ouverture où je pourrai me glisser en prenant appui sur les premières branches, ensuite c'est simple, je me laisserai descendre à l'intérieur, il sera assez vaste pour accueillir un corps tout entier, comme dans un fourreau, jusqu'à faire retomber mes pieds au niveau des racines nues à la base du tronc.

J'aurai circulé longtemps la nuit au hasard dans la pinède, lors de mes premières visites de la Villa, je savais qu'elle n'était plus occupée, personne ne viendra à part Lucia, l'arbre se trouve à quelques mètres du bord de la piscine sur le côté, devant la terrasse et les quatre grandes baies vitrées du salon, personne ne l'a taillé depuis des années, ses branches immenses, son feuillage majestueux qui vient jusqu'au toit, il court même sur les premières tuiles.

Peut-être que cette fois, ce soir ou demain, je vais quitter mon arbre, vous allez voir, je vais y faire un tour vous verrez, je vais refaire une tentative, j'attendrai un moment dans le noir, et puis, la nuit sans étoiles, sans lune, personne ne pourra me voir accroupi dans les hautes herbes, ce sont de grandes tiges qui ont percé la terre dure et qui balancent sous le vent, je sentirai leur duvet rêche sur mes joues, il grattera mes tempes, en tâtonnant dans le noir pour trouver le trousseau coincé au fond sous la troisième tuile du fenêtron de la salle de bains, juste là, et je pourrai me glisser à l'intérieur en refermant très doucement la porte derrière moi, ce soir, j'irai m'allonger dans le noir, l'électricité a été coupée, dans les grands canapés de cuir, ceux en face des baies vitrées du salon.

Avec l'hiver qui arrive, je devrai lutter contre l'engourdissement de mes membres, le soir qui tombe, le vent glacé, je garderai les yeux ouverts le plus que je peux, la boue froide, des flaques noires et visqueuses sous moi, je creuserai encore, bientôt je ne pourrai plus, depuis que j'ai récupéré ce duvet dans le grenier de la Villa, ce sera plus facile mais je me méfierai toujours, avec le froid, si la température descend plus bas que le premier hiver, il pourrait se mettre à geler, je serai trop faible à force de ne pas manger assez, c'est écrit dans mon numéro de *National Geographic* à propos des expéditions polaires, on ne peut pas prendre ce risque avec les basses températures, on s'endort et on meurt sans se rendre compte, il faudra que je m'habitue à tenir en attendant l'aube, à ressasser mes quelques souvenirs confus, à fixer jusqu'aux larmes l'éclat des cinq étoiles qui brillent au-dessus de moi, à préparer dans ma tête ma prochaine visite à la Villa, des heures durant à grelotter dans l'arbre, écoutant la pluie ou le vent dans les feuilles là-haut, je chercherai des images encore là, enfouies au plus profond de moi, des images, des souvenirs que mon refuge dans l'arbre n'aurait pas complètement effacés, car un jour, il y a des mois, peut-être des années, j'ai dû tomber de tous les côtés de moi-même, quelque chose m'a frappé, comme ça, en plein jour, et je me suis disloqué en quelques secondes.

Je recommencerai à creuser, à mon rythme, à peine quelques centimètres par jour à l'aide d'une petite pelle de jardin ou d'une cuillère à soupe récupérée dans la cuisine de la Villa, toute une manœuvre réclamant une série de contorsions et de gestes lents et précis, descendre sur mes genoux, gratter la terre durcie à mes pieds, accroupi, le bras droit entre mes cuisses, me redresser lentement, remonter avec précaution la cuillère pleine jusqu'à l'ouverture là-haut, vider la terre en prenant garde au sens du vent, petit à petit un trou se formera, je pourrai l'élargir en dénudant les racines, et l'agrandir pour former une sorte d'alvéole, ce sera de plus en plus long et difficile au fur et à mesure, il me faudra plus de force pour remonter, mais au bout d'un certain temps, je pourrai me mettre à genoux et redoubler d'efforts pour remplir de terre un petit sac plastique, j'irai le disperser la nuit autour de la Villa lors de mes sorties, un jour je creuserai peut-être des galeries, il faudra que je trouve plus de bois, des planches pour étayer et retenir la terre de m'étouffer, je pourrai alors dormir là plus confortablement, à l'intérieur du tronc, sous la terre, m'allonger presque à l'horizontale, les jambes repliées presque ensevelies dans le repli du sol, les épaules et la tête au niveau des racines de l'arbre, le matin j'apercevrai là-haut l'ouverture vers le ciel.

Laissez-moi là, à creuser encore, à m'enfoncer, centimètre après centimètre, à gratter la terre, même si on a dû m'oublier à force, là, plus loin vers le fond, si bien qu'on ne me trouvera pas, jamais, plus loin encore, je n'ai pas fini, quand le printemps reviendra, je vais construire des tunnels, des galeries sur des dizaines de mètres, je me servirai des racines de l'arbre, vous verrez, si le temps me laisse faire, je vous entends là-haut, je ne fais que commencer, ce n'est que le début, laissez, laissez-moi, si vous…, si vous croyez, je vous…, que je vous entends pas remuer là-haut, laissez, laissez-moi sous la terre, là, rats, sale bande de…, je… vous… ne… vous…

Et puis, un matin comme à son habitude, Lucia arrivera par le bus, elle remontera sous le soleil le chemin de la colline, sa gamine trottinant devant, je la verrai s'affairer dans la Villa, pendant que la petite, à trois mètres de mon arbre, sera assise sur la pelouse à chantonner le même air sans fin, à faire couler dans ses mains du gravier, ça doit être le printemps qui est revenu, je l'écouterai longtemps jusqu'à ce que, le ménage terminé, Lucia la rejoigne avec un sac plastique, qu'elle déballe leur déjeuner sur une serviette à carreaux roses et blancs, étendant ses jambes fatiguées dans l'herbe, posée sur un coude, et ses yeux fixés sur mon arbre d'où je les contemplerai toutes les deux, attendant, comme si j'étais certain que les choses se dérouleraient ainsi, que la voix de Lucia s'élève, forte et calme, se glissant, trouvant sa place dans l'harmonie générale, dans le chant des oiseaux, imperturbables au-dessus de moi, sous le vent doux remuant les hautes herbes de la pelouse.

Allez, viens
sors, sors de ton trou
tu as assez dormi
je sais que tu es là
depuis longtemps
tu m'écoutes
sors, tu as assez attendu
je suis là, je sais que tu es là
qu'est-ce que tu crois
j'ai senti que tu étais là
viens
nous avons apporté à manger
allez, viens
allonge-toi avec moi sur l'herbe tiède
ne regarde pas vers l'arrière
tout ça ne compte plus
je te le dis
tu n'auras plus peur désormais
plus jamais
personne ne t'effraiera plus
dans ton arbre
tu as creusé longtemps
patiemment
ton terrier
tu as étayé
tu as créé des galeries
tu as dispersé la terre
les mêmes gestes des mois durant

et ton abri s'est élargi
sous les racines de ton arbre
dans la terre froide
tu peux te glisser et dormir
mais tu as assez dormi !
viens
réveille-toi, approche-toi
tu as oublié
ne t'inquiète pas
chassé de toi, le monde !
je lui trouverai un autre nom
je sens
il restera ton dégoût intact
l'intensité de ta fureur glacée
ta haine
n'aie pas peur
je vois tes joues creuses
ton visage
méconnaissable
dans ta parka sombre
déchirée, puante
quitte ton terrier
tu es invisible
tu es devenu inconnu
tout le monde t'a oublié
à force de creuser des tunnels sans fin
sans issue
sors, allégé

désintoxiqué
comme rincé à l'intérieur
tu portes sur toi
la saleté repoussante de ce monde
il y en a qui disent
ne les écoute pas
il faut continuer de vivre
dans ce monde mort
sans trouver le sommeil
à écouter les craquements de la nuit
terrifiés
il y en a qui disent que
maintenant il faudra
faire avec
même si leurs pleurs
n'éteindront pas les forêts
il y en a qui disent
non, ils ne disent plus rien
leurs yeux secs
dévorés d'ambition
regarde-les foncer dans leur nuit
leur esprit agité
gagnant heure après heure
leur salut silencieux
mais moi
regarde-moi !
moi, Lucia, je suis épuisée
mon dos cassé, mes articulations

si tu savais
depuis longtemps
elles me font si mal
prends ma main
abandonne-toi
il est temps, n'aie pas peur
tu n'as plus peur
le peu que j'ai, tout ce que j'ai
je te le donnerai
ce sera la vie nouvelle, souveraine
tu seras invulnérable
rien ne t'atteindra
tu rejoindras des cortèges
et des réunions secrètes
je t'enverrai au loin
rejoindre des caravanes en exil
tu seras une hyène
continue, prépare, rassemble
ne laisse pas passer les occasions
fais-moi mourir ce monde
fais-moi pourrir les choses
de ce monde
où rien ne pourrit plus jamais
tu ne t'arrêteras pas
si tu t'arrêtes
tu ne te relèveras pas
tu porteras avec toi la force
de celui qui a connu

le véritable amour
viens
allonge-toi près de moi
je caresserai tes cheveux
sors
quitte ton trou
tu as assez creusé
c'est ça, oui
viens vers moi
je vois tes pas qui hésitent
tes jambes qui tremblent
montre-moi les cicatrices sur ton visage
j'y lirai ta force
j'y embrasserai ta puissance
personne ne te reconnaîtra
ça y est
tu as entendu
te voilà enfin
approche
écoute mon chant d'amour
je te recueillerai
entre mes bras douloureux
dans l'herbe douce
tu verras
je t'aimerai
oui
je t'aimerai
à tout rompre.

Composition : Entrelignes (64)
Achevé d'imprimer
par CPI Firmin-Didot
à Mesnil-sur-l'Estrée, en décembre 2022
Dépôt légal : décembre 2022
Numéro d'imprimeur : 172940

ISBN : 978-2-07-299430-2/Imprimé en France

545629